Gerald Polzer und Stefan Spath

111 Orte
in Oberösterreich,
die man gesehen
haben muss

emons:

Bibliografische Information der Deutschen Nationalbibliothek
Die Deutsche Nationalbibliothek verzeichnet diese Publikation
in der Deutschen Nationalbibliografie; detaillierte bibliografische
Daten sind im Internet über http://dnb.d-nb.de abrufbar.

© Emons Verlag GmbH
Alle Rechte vorbehalten
© der Fotografien: Gerald Polzer und Stephan Spath
© Covermotiv: Land Oberösterreich
Layout: Eva Kraskes, nach einem Konzept
von Lübbeke | Naumann | Thoben
Kartografie: altancicek.design, www.altancicek.de
Kartenbasisinformationen aus Openstreetmap,
© OpenStreetMap-Mitwirkende, ODbL
Druck und Bindung: Hitzegrad Print Medien & Service –
Lensing Druck Gruppe, Feldbachacker 16, 44149 Dortmund
Printed in Germany 2018
Erstausgabe 2016
ISBN 978-3-95451-857-9
Aktualisierte Neuauflage Januar 2018

Unser Newsletter informiert Sie
regelmäßig über Neues von emons:
Kostenlos bestellen unter
www.emons-verlag.de

Vorwort

Oberösterreich ist ein Land voller Vielfalt und Gegensätze: Städte als Standorte modernster Industrie und zugleich »Kulturkraftwerke«, Seen mit dem Charme der Sommerfrische, barocke Pracht und ländliche Schlichtheit bilden ein Ganzes – nicht von ungefähr wird das Land ob der Enns aus vier Vierteln geformt. Was erwartet Sie in diesem Buch? Die Wirkungsstätten großer Poeten wie Thomas Bernhard, der Entstehungsort der berühmten »Stillen Nacht« und Naturjuwele wie die Schlögener Schlinge. In Lengau lebte der größte Europäer aller Zeiten, in Pfaffstätt steht eine Sammlung tausender Gartenzwerge, und in Wels starb der »letzte Ritter«. Linz beheimatet den mäandernden »Tangosaurus«, man kann sich in einen »Höhenrausch« versetzen und an der ältesten Torte der Welt naschen. Oberösterreicher stehen mit beiden Beinen auf dem Boden und haben zugleich die weite Welt im Auge: Der Astronom Johannes Kepler wurde hier ebenso geboren wie der Komponist Anton Bruckner oder die Extrembergsteigerin Gerlinde Kaltenbrunner – allesamt waren sie dem Himmel sehr, sehr nahe.

Wir haben uns bemüht, die Nasen tief in die geheimsten Winkel und Ecken der Region zu stecken und ... keine Angst, Genüsse für Leib und Seele wurden keineswegs außer Acht gelassen! Es bleibt zu hoffen, dass Sie diese 111 besonderen Ansichten von Oberösterreich genießen und die Geschichten keinen so langen Bart haben wie das Prachtexemplar Hans Steiningers – über Jahre gehegt und gepflegt maß dieser sagenhafte zwei Meter und ist bis heute eine Legende in Braunau am Inn. Viel Spaß bei Ihrem Streifzug – die ideale Ergänzung liefert unser Salzkammergut-Band aus der 111-Orte-Reihe mit vielen Tipps aus dieser wunderschönen Ecke Oberösterreichs.

Gerald Polzer und Stefan Spath

111 Orte

1 Der Schwemmkanal

Brennholz voll bio!

Die Residenzstadt Wien bekam im 18. Jahrhundert einen gewaltigen Bevölkerungsschub verpasst, Abertausende wurden vom Glanz der Metropole angelockt und zogen aus den Kronländern an die Donau. Hier pfeift im Winter ein eisig kaltes Lüftchen, Brennholz war ob der steigenden Nachfrage rar und guter Rat teuer. Der Forstingenieur Josef Rosenauer hatte die zündende Idee, einen Kanal vom Böhmerwald bis nach Wien zu bauen und dabei die kontinentale Wasserscheide zwischen Donau und Moldau zu überwinden. Die Fürsten Schwarzenberg als Besitzer ausgedehnter Wälder finanzierten das gewagte Unternehmen und trafen voll ins Schwarze – der Kanal wurde zur Lebensader, die hunderten Holzknechten und Flößern Arbeit gab und den Böhmerwald nachhaltig veränderte. Zwischen 1823 und 1916 wurden gigantische acht Millionen Raummeter Holz auf dem schmalen Gerinne zur Großen Mühl transportiert.

Nach dem Zusammenbruch der Donaumonarchie geriet der 52 Kilometer lange Kanal wegen politischer und geografischer Verwerfungen ins Hintertreffen und war später durch den Eisernen Vorhang zweigeteilt. Doch time goes by, die Grenzen sind Geschichte, und der Schwemmkanal erlebt eine Wiedergeburt. Ob zu Fuß oder mit dem Rad, entlang des Gerinnes dringt man tief ein in den Böhmerwald und seine beschauliche Ruhe.

Wer das Besondere sucht, kann bei einem »Schauschwemmen« mitmachen … eine Stange mit Haken in der Hand, und man fühlt sich wie ein waschechter Trift-Arbeiter. Leicht möglich, dass dem Kanal in Zeiten von Energieabhängigkeit und biologischem Gewissen ein Revival bevorsteht: Wer die heimelige Wärme eines offenen Kamins und das feine Knistern brennender Holzscheite kennt, erahnt Unabhängigkeit von Ölpipelines und Kernkraftwerken. Flott aus dem Böhmerwald herbeigeschwemmt, gehackt und aufgeschichtet sind Holzstämme die beste Versicherung gegen eine Verknappung von Ressourcen.

Adresse 4160 Aigen-Schlägl, Tel. +43/(0)5789/0100, www.boehmerwald.at, info@boehmerwald.at | **Anfahrt** von Linz auf der B 127 Richtung Rohrbach und weiter nach Schlägl fahren | **Öffnungszeiten** Mai – Nov. | **Tipp** Das Vogelmuseum im Aigener Kulturhaus stellt einen Querschnitt der Böhmerwalder Fauna zur Schau.

2 — Der Whisky-Brenner

Besser als die Schotten

Wenn John Wayne einen Ritt durch die staubige Wüste Arizonas geschafft oder Mel Gibson als Braveheart eine Schlacht geschlagen hatte, wurden die eisenharten Jungs mit dem Getränk für wahre Männer belohnt: Ob Whiskey oder Whisky, Hauptsache, aus Weizen gebrannt, ein paar Jahre im Eichenfass eingefärbt und stark bis zum Umfallen!

Vieles hat sich in der Kultur des Schnapsbrennens getan, und in Gourmetmagazinen findet man mittlerweile Rezensionen über geschmackliche Feinheiten, Alter und Herkunft jedes Getreidekorns. Was aber Whiskey-Freaks aus aller Welt in ihren kühnsten Träumen nicht erwartet hätten, ist im schönen Alberndorf zur Realität geworden – ein Oberösterreicher schlägt seine amerikanischen und britischen Rivalen aus dem Felde und braut »Fine Austrian Whisky«. Der junge Peter Affenzeller besann sich des elterlichen Getreidebrennrechts und der hervorragenden Qualitäten seiner Heimat – durch Granit und Gneis gesickertes Wasser und auf fruchtbaren Böden gedeihendes Getreide. Mit viel Mut für das Neue und Unbekannte begann der Jungspund auf Teufel komm raus zu brennen und destillieren – ohne Angst vor der angelsächsischen Konkurrenz.

Heute sind seine Single Malts aus Gerstenmalz, die Grains aus ungemälztem Roggen sowie die Blends als Querschnitt dieser Körner die Parade-Whiskys der Edel-Brennerei und werden in der Fachwelt hoch gelobt und oft prämiert. Die familieneigene »Sepp'n Ranch« ist ein Ort des Genusses, wo in edlem Ambiente ein Schluck Oberösterreich verkostet werden kann. Vielleicht nehmen sich andere Schnapsbrenner ein Beispiel und versuchen sich wie Peter Affenzeller in einem gänzlich neuen Genre: Die Vorstellung, dass ein Barkeeper mit texanischem Stetson oder kariertem Schottenrock keinen Bourbon oder Single Malt aus dem Regal fischt, sondern Apfelbrand und Obstler – das hat doch ohne Zweifel Charme!

Adresse Oberweitersdorf 7, 4211 Alberndorf in der Riedmark, Tel. +43/(0)664/4677744, www.peter-affenzeller.at | **Anfahrt** von der A 7 in Gallneukirchen abfahren, auf der L 1467 Richtung Oberweitersdorf, die Brennerei ist gut ausgeschildert | **Öffnungszeiten** Do–So 14–20 Uhr, Fr bis 22 Uhr, Führungen ab 5 Personen nach Anmeldung | **Tipp** In der Burgruine Riedegg kann man gut erhaltene Kreuzrippengewölbe besichtigen.

3 __ Der Lok-Park Ampflwang

Laufsteg der Dampffrösser

Auf den Laufstegen dieser Welt präsentieren sich Models in prächtigen Outfits, auf Automobilsalons werden chromblitzende Prototypen auf Plattformen gedreht und von begeistertem Publikum bewundert. In Ampflwang sind die Beautys etwas kräftiger gebaut, ihr Parfum riecht nach Dampf und Rauch, und trotzdem sind sie der Traum vieler Fans: Im Lok-Park werden von einem enthusiastischen Verein rund um Obmann Manfred Haslinger gezählte 100 eiserne Zeugen der Bahngeschichte gehegt und gepflegt.

Das Gebiet war bis vor 20 Jahren ein Braunkohlerevier mit enormen Abbauanlagen wie einem Steinbrecher-Haus und der Sortiermaschine – von hier aus wurden tausende Waggons befüllt und mit der Bahn zum Bestimmungsort gebracht. Auf diesem weitläufigen »Bahnhof« stehen die Lokomotiven in Reih und Glied, tipptopp gewartet, fahrbereit und Meisterwerke der Ingenieurskunst. In erster Linie deutsche und österreichische Fabrikate, deren Unterschied leicht erklärt ist … die einen massiv und beständiger, die anderen grazil und eleganter! Mittels einer sternförmigen Gleisdrehscheibe werden aus dem Reservoir der Maschinen immer neue Prachtstücke hervorgezaubert. Besucher sollen nicht nur staunen, sondern auch mitmachen – Anfassen erlaubt, Mitfahren erwünscht und Mitarbeit gern gesehen, denn der Lok-Club braucht ständig neue Mitglieder.

Im Mai und Oktober feiert Ampflwang »Dampflokfeste«: An diesen beiden Wochenenden strömen Bahnbegeisterte aus ganz Europa ins Hausruckviertel, flanieren durch den Rundschuppen und das Freigelände und versammeln sich zum absoluten Highlight bei der »Drehscheibe«. Wenn sich die hochpolierten Zugmaschinen auf dem Präsentierteller drehen und ihre stählernen Muskeln zeigen, dann haben Topmodels wie Heidi Klum ausgespielt – für den wahren Fan zählen Dampfdruck und Pferdestärken bedeutend mehr als Kleidergröße und Hüftschwung!

Adresse Bahnhofstraße 29, 4843 Ampflwang, Tel. +43/(0)664/5087664, www.lokpark.at |
Anfahrt auf der B 141 nach Ampflwang und im Ort in die Bahnhofstraße; beim Tor 2,
neben der Sortieranlage, kommen Sie zum Lok-Park | **Öffnungszeiten** Mai–Okt. Mo–Fr
10–17 Uhr und nach Voranmeldung | **Tipp** Beim ehemaligen »Kohlebrecher« ist ein
keltischer Baumkreis angelegt – hier lässt es sich wunderbar entspannen.

4 Das Bruckner-Geburtshaus
The Sound of Music

Das 19. Jahrhundert gilt als prägende Epoche in der Geschichte klassischer Musik. Hauptverantwortlich ist wohl der Titan Richard Wagner, dessen Tonsetzerei neue sphärische Dimensionen eröffnete. 1865 lernte der Organist und Komponist Anton Bruckner den Meister persönlich kennen – diese Begegnung ermutigte ihn, eigene Werke zu forcieren und als Symphoniker aus dessen Schatten zu treten. Aus seiner Feder flossen so wunderbare Stücke wie die Vierte »Romantische« Symphonie oder die »Siebte«, gewidmet dem Musikmäzen Ludwig von Bayern.

Bruckners Geburtsort Ansfelden ehrte den großen Sohn mit einem Museum, das bestimmende Orte und Landschaften – von der Heimat bis ins kaiserliche Wien – in Szene setzt und sein Leben als Lehrer, Organist und Kompositeur in einer Gesamtinszenierung zur Schau stellt. Hier kann der Besucher Exponate aus dem Privatbesitz des Meisters besichtigen und mittels Hörstationen in der musikalischen Romantik versinken – das Gebäude verströmt den »Sound of Upper Austrian Music«. Zusätzliches Augenmerk legt man auf die Nachwirkung Bruckners und dessen unauslöschliche Spuren im gesamten Bundesland.

Wer gut zu Fuß ist, kann zwischen Ansfelden und Sankt Florian den Symphoniewanderweg beschreiten, der auf zehn Stationen alle großen Werke Bruckners würdigt und mit Schautafeln historische Zusammenhänge erklärt. Dieser Weg endet an einer faszinierenden Grabstätte – der Komponist fand seine letzte Ruhe unter der Orgel der Stiftskirche Sankt Florian, deren Tasten er so lange Zeit verzauberte.

Die wahre Bedeutung Bruckners kam erst spät zur vollen Entfaltung, denn im von Intrigen eingesponnenen Wien nahmen Kritiker seine Nähe zu Richard Wagner krumm. So musste er sich jeden Erfolg hart erkämpfen, um das versnobte Musikestablishment der Residenzstadt auf seine Seite zu ziehen. Leider gab es hier nur den jagdaffinen Franz Josef anstatt des musikbesessenen »Kini Ludwig«!

Adresse Anton-Bruckner-Museum Ansfelden, Augustinerstraße 3, 4052 Ansfelden, Tel. +43/(0)664/60072/52293, brucknermuseum@landesmuseum.at | **Anfahrt** von der A 1 bei Ansfelden ins Ortszentrum, das Anton-Bruckner-Museum ist ausgeschildert | **Öffnungszeiten** April–Ende Okt. Fr 9–12 Uhr, Sa, So, feiertags 10–17 Uhr sowie Gruppen nach Voranmeldung | **Tipp** Das Schloss Hohenbrunn in der Nähe des Stiftes Sankt Florian ist der einzige Schlossbau des berühmten Barockbaumeisters Jakob Prandtauer.

Anton Bruckner
1824
1896

5__Das Schoppermuseum
Holz und Moos werden eins

In Aschach sticht dem Besucher eine Skulptur am Ufer der Donau ins Auge: Hier ragen zwei riesige Stahlstelen empor und stützen einen hölzernen Schiffsbogen, der den Eingang zum Schopper- und Fischermuseum kennzeichnet. Heute kreuzen Ausflugsdampfer und behäbige Lastkähne auf der Donau, doch jahrhundertelang wuselte es hier von unzähligen Lastschiffen, die alle erst einmal gezimmert werden mussten.

Damit schlug die Stunde der Schopper, einem Berufsstand von hartgesottenen Kerlen, die Planke für Planke eines Schiffes mit Moos verklebten und damit vor dem Absaufen bewahrten. Die Schiffszwischenräume waren im Querschnitt dreieckig und wurden von der Außenseite verschoppt – zunächst wurde ein schmaler Holzspan namens »Miasbeil« eingefügt, dieser mit festem Moos verschlossen und mittels Blechklammern festgenagelt. Das hielt bombenfest und war die Garantie dafür, dass selbst mächtige Holzschifftypen wie die »Siebnerin«, die 100 Tonnen Last trug, nicht in den Fluten der Donau versanken.

Wer Lust hat, kann an einer nachgebauten Schiffswand selbst zu Werke gehen und Moos und Holz eins werden lassen. Die lange Tradition des Handwerks und der raue Alltag am Fluss werden im Museum durch Originalwerkzeuge und Schautafeln erklärt, in Berichten von Zeitzeugen kann man die handfeste Realität dieser Zeit erahnen. Wasser bedeutet Leben und Nahrung, naheliegend ist daher das Fischermuseum im selben Hause: Wer mit Muskelschmalz dicke Bohlen bearbeitete, bekam mächtigen Hunger und ließ sich gern ein saftiges Wallerfilet schmecken – der heißt hier Wels und ist wie viele seiner Artgenossen ausgestopft zu bewundern. Womit man Fische fängt, und wie sich das Angeln von der Lebensnotwendigkeit zum Sport entwickelt hat, ist hier ebenfalls gut illustriert ... theoretisch könnte man nach einem Besuch mit einem selbst gezimmerten Boot auf Angeltour gehen.

Adresse Schopperplatz 1, 4082 Aschach an der Donau, Tel. +43/(0)7273/6385, www.museum.aschach.at | **Anfahrt** auf der B 131 nach Aschach und im Ort zum Schopperplatz | **Öffnungszeiten** 4. Juli – 6. Sept. täglich 12 – 18 Uhr, ansonsten auf Anfrage | **Tipp** Besuchen Sie das Restaurant »Faustschlössl« – wunderbarer Ausblick auf den Fluss und feine Küche.

6＿Die Familie Daringer
100 Jahre Kunst

Kunst zu erschaffen ist nur wenigen Menschen vergönnt, eine schöpferische Ader versiegt oft nach nur einer Generation – aus dem Schatten der Kreativität zu treten gelingt nur wenigen Söhnen und Töchtern. Bei der Familie Daringer schaut die Geschichte anders aus, denn über drei Leben spannt sich der Bogen des Schaffens, 100 Jahre lang drückten die Maler und Bildhauer Oberösterreich einen kunstvollen Stempel auf.

Eine Werkschau ist im Kunstmuseum Aspach und in den Ateliers der Künstler zu bestaunen. Die Saga begann mit Professor Engelbert Daringer, der zahlreiche Kirchenbilder und Fresken in Oberösterreich schuf – die Schutzmantelmadonna im Neuen Dom in Linz zählt zu seinen Hauptwerken; in Aspach selbst ist von ihm ein Hochzeits-Fries im Gasthof Hofmann zu besichtigen. Seine Neffen Franz und Otto schlugen in dieselbe künstlerische Kerbe: Franz als Kirchenmaler und Restaurator, die Bergkirche von Klaus verdankt ihm die Rückführung ins Ursprüngliche; Otto schuf als Holzbildhauer das Friedenskreuz an der Pfarrkirche Aspach und faszinierend natürliche Sonnenuhren. Ottos Sohn Manfred Daringer erfuhr die höchsten Weihen österreichischer Bildhauerei – er war Schüler des großen Fritz Wotruba und erhielt 1975 als herausragende Persönlichkeit den Wotruba-Preis. Runde, geschmeidige Skulpturen aus Holz und Stein stellen die beiden Hauptthemen seiner Arbeit dar – Manfred vereinte Körperformen und Landschaften des Innviertels zu fließenden Exponaten.

Vor den Toren des Museums beginnt eine Open-Air-Galerie der besonderen Art: Auf zwölf Stationen begibt man sich auf die Spuren der Familie in Aspach; mehrere wuchtige Skulpturen Manfred Daringers kennzeichnen den menschlichen Weg von der Wiege bis zur Bahre und werden ergänzt von Werken seiner Altvordern. So wird der Ort zu einem Gesamtkunstwerk und ein Spaziergang zum Kulturgenuss, frische Luft inklusive.

Adresse Marktplatz 9, Daringer Kunstmuseum Aspach, 5252 Aspach, Tel. +43/(0)7755/7355, kunstmuseum@daringer.at, www.daringer.at | **Anfahrt** von der A 8 bei Haag am Hausruck abfahren, B 141 bis Aspach, die Künstler haben im ganzen Ort ihre Spuren hinterlassen | **Öffnungszeiten** ganzjährig Fr, Sa, So 14–17 Uhr | **Tipp** Der Gasthof Zwink am Marktplatz 2 hat eine Gaststube aus den 1920er Jahren – dieses Lokal ist absoluter Kult!

7 — Die Türensammlung
Immer rein in die gute Stube!

Alte Gerätschaften, verstaubte Trachten, Geschirr von anno dazumal, Kästen und Truhen – eher beliebig halten es die meisten Heimatmuseen in Österreich mit ihrer Auswahl. Selten einmal setzt ein solches Museum einen so anregenden Schwerpunkt wie das Forum Hall mit seiner Türensammlung. Über 100 Türen und Tore aus dem Traunviertel füllen das Dachgeschoss aus. Die teils jahrhundertealten und aufwendig gearbeiteten Portale sind zum einen eine Augenweide und verraten Kunstsinn. Zum anderen haben Volkskundler sie auf ihre Symbolik abgeklopft und dabei Erstaunliches zutage gefördert.

In Zeiten von Hochsicherheitstüren mit doppelten und dreifachen Sperrvorrichtungen erscheint kaum vorstellbar, dass die Hauspforte vor nicht allzu langer Zeit mehr signalisierte als die Botschaft »Lass mich bloß in Ruhe, ich bin einbruchssicher!«. Türen dienten einst als eine Art Visitenkarte für Gebäude und ihre Bewohner – weswegen auf ihnen uralte Vorstellungen von Glück, Fruchtbarkeit und Aberglauben zum Ausdruck kamen.

Türen mit Rautenmustern und Ähren symbolisierten die Hoffnung der bäuerlichen Bevölkerung auf Fruchtbarkeit und eine gute Ernte. Die stilisierten Strahlen der Sonne, die sich vom Zentrum an die Türränder ausbreiteten, versinnbildlichten Glück und Freude – und wer würde nicht gern in ein solches Haus eintreten? Sterne hatten eine ähnlich frohlockende Bedeutung.

Da Tür und Tor die wohl wichtigste Grenze zwischen dem Privatbereich und der Außenwelt bilden, ist nicht verwunderlich, dass einem von so manchem Traunviertler Hauseingang Schuppenmuster, schildartige Strukturen und andere Abwehrsymbole entgegenblickten.

Mit einigen Irrtümern wird en passant aufgeräumt: Man erfährt, dass etwa niedrige Eingangstüren nicht unbedingt Rückschlüsse auf die durchschnittliche Körpergröße von vor 200 Jahren erlauben. Sie dienten schlicht und einfach dazu, Wärmeverluste zu vermeiden.

Adresse Forum Hall, Eduard-Bach-Straße 4, 4540 Bad Hall, Tel. +43/(0)7258/4888, www.forumhall.at | **Anfahrt** B 122 (oder mit dem Zug) nach Bad Hall, via Bahnhofstraße zum Hauptplatz, beim ersten Kreisverkehr in die Eduard-Bach-Straße, das Ziel liegt rechter Hand; von Süden: via Theatergasse und Steyrer Straße zum Hauptplatz, beim zweiten Kreisverkehr wie oben | **Öffnungszeiten** April–Okt. Do–So 14–18 Uhr, Führungen für Gruppen ganzjährig nach Voranmeldung | **Tipp** Ums Eck beginnt der Kurbezirk – gönnen Sie sich nostalgisches Flair im Kurcafé oder eine Auszeit in der Therme (Kurpromenade 1, 9–24 Uhr, www.eurothermen.at).

8 Die Kurapotheke

Der Duft der Kaiserin

Doppeladler hier, Kaiserin Elisabeths Konterfei da – wer nach Bad Ischl kommt, glaubt sich mitunter in k. u. k-Zeiten zurückversetzt. Von 1849 an regierte Franz Josef sein Riesenreich im Sommer von dem oberösterreichischen Kurstädtchen aus. Ein ganz besonderer Ort, um etwas von der damaligen Atmosphäre zu erschnuppern, ist die Kurapotheke von Bad Ischl. Wenn die Mitglieder der Herrscherfamilie und die Blaublütigen, die Künstler und die Adabeis ein Zipperlein plagte, mischten die Spezialisten am Kreuzplatz ein passendes Gegenmittel. Und die extrem auf ihre Schönheit bedachte Kaiserin wurde von der Apotheke mit Cremes, destilliertem Wasser für die Pflege ihrer bodenlangen Haare und edlen Tee-Mischungen, die Sisi in ihrem Marmorschlössl einzunehmen pflegte, versorgt.

Einiges aus Sisis Beauty- und Wellness-Köfferchen dient bis heute der Entspannung. Das Rosen-Badesalz erzeugt die Kurapotheke, die im Logo stolz den Zusatz »ehem. k. u. k. Hoflieferant« führt, noch nach der Originalrezeptur, natürlich mit Salz aus dem Ischler Bergwerk; andere Rezepturen wie die Ziegenmilchseife sind behutsam in die Beauty-Moderne transferiert worden. In ansprechendem Nostalgie-Look werden die Sisi-Produkte präsentiert, mit den Konterfeis der kaiserlichen Herrschaften als Blickfang. Wer ein originelles Souvenir sucht, wird hier fündig.

Doch damit nicht genug an Besonderheiten. Während viele Apotheken nur mehr als Ausgabestelle für die heutzutage industriell erzeugten Arzneimittel fungieren, hält die Apothekerfamilie Hrovat die Tradition der Hausspezialitäten hoch. 200 dieser an Ort und Stelle erzeugten und abgepackten Mittel umfasst die Palette – von den Nerven- und Schlaftropfen über Massageöle und Dachsfettcreme bis hin zu einem wohlschmeckenden Rum-Likör. Manchmal möchte man sich ja glatt ein kleines Wehwehchen einbilden, um diese oder jene Ischler Hausspezialität mal testen zu können.

Adresse Kreuzplatz 18, 4820 Bad Ischl, Tel. +43/(0)6132/23205, www.kurapotheke.at |
Anfahrt B 145 nach Bad Ischl, im Kreisverkehr erste Ausfahrt (Götzstraße) nehmen und
via Kaiser-Franz-Josef-Straße und Kreuzplatz zum Kurpark (Parkmöglichkeit) | **Öffnungs-
zeiten** Mo – Fr 8 – 18 Uhr, Sa 8 – 12.30 Uhr | **Tipp** Runden Sie das Nostalgie-Paket mit
einem Besuch der Kaiservilla ab und spazieren Sie weiter zu Sisis Marmorschlössl im
Kaiserpark.

9__ Das Pesenbachtal

Baden im Teufelsbottich

In Hollywood arbeiten Bühnenbildner und Animationskünstler wie die Wilden an Landschaften für mystische Filme à la »Herr der Ringe«. Da streifen Hobbits über bemooste Steine, vorbei an gurgelnden Wasserfällen und smaragdklaren Untiefen ... der Zuschauer wird in eine Illusion der perfekten Natur versetzt. Das alles geht natürlich viel einfacher, wenn man anstatt des Kinosaals das Pesenbachtal im Mühlviertel besucht, denn hier ist alles echt und nicht aus Styropor.

Beim Kurpark in Bad Mühllacken startet die Wanderung in die Wildwasser-Landschaft, deren einzigartige Form und Gestalt durch Winderosion und die Hartnäckigkeit des Wasserflusses entstanden sind. »Wildromantisch« ist ein Hilfsausdruck für die idyllischen Naturschätze dieses Tals.

Hier findet man die »Blaue Gasse«, eine durch Magma entstandene schmale Rinne, die »Teufelsbottiche«, Wasserbecken, in denen der Leibhaftige gebadet haben soll, oder die »Goaßkirche«, ein Gefälle aus wuchtigen Steinquadern. Man wandert den Bach entlang der Quelle entgegen und dringt dabei tiefer und tiefer in diesen Märchenwald ein, bis zum »Kerzenstein«, der aus zwei aufeinandergetürmten Granitblöcken besteht, die einer brennenden Kerze gleichen. Nicht schrecken, wenn es unter Stock und Stein wuselt, dieses Gebiet ist berühmt für seine einzigartige Tierwelt, in der sich Feuersalamander und Äskulapnattern tummeln – schön anzuschauen und garantiert ungiftig.

All diese faszinierenden Naturdenkmäler sind im Laufe von Jahrmillionen entstanden, das Wasser hat sich seinen ureigenen Weg durch den Mühlviertler Granit gebahnt. Da können noch so viele Finger über Computertastaturen huschen, niemals kann dieser Effekt der Unmittelbarkeit erzeugt werden: Wer seine Füße in seidiges Moos streckt und einen Sprung ins quellfrische Wasser des Tals wagt, weiß wieder, was Natur und »echtes« Leben bedeuten.

Adresse Ausgangspunkt der Wanderungen ist der Pavillon im Kurpark der Marienschwestern in Bad Mühllacken 55, 4101 Feldkirchen | **Anfahrt** B 132 nach Bad Mühllacken und weiter zum Kurpark der Marienschwestern | **Öffnungszeiten** Das Tal ist jederzeit zu bewandern. | **Tipp** Wer nach einer ausgiebigen Wanderung entspannen will, kann in Bad Mühllacken wunderbar kneippen und entschlacken.

10 Das Grabdenkmal des Hans Steininger

Hier kann der Hipster nur neidvoll blicken

Wer ein ordentlicher Hipster sein will, der könnte sich an Hans Steininger ein Beispiel nehmen. Der Bart des Stadthauptmanns von Braunau spross so ungehemmt, dass er ihm in Wellen bis über die Zehenspitzen quoll. So zeigt es zumindest die Grabplatte des 1567 verunglückten Würdenträgers an der Außenmauer der Braunauer Pfarrkirche. Prachtvoll ist das Epitaph anzusehen. Aus Marmor gehauen, mit barocken Motiven reich verziert, zeigt es Hans Steininger mit den Insignien seines Amtes und seinem Markenzeichen, der gut zwei Meter langen Gesichtsbehaarung.

Üppig sprießen auch die Legenden: 18 Mal ließ sich der Ratsherr sein Gesichtshaar am Kinn abschneiden, allein der Bart wucherte weiter drauflos und erwies sich schließlich als tödliche Stolperfalle. Bei einem Brand in der Stadt, so heißt es, vergaß Steininger, seinen Bart wie üblich aufzurollen, stürzte eine Treppe hinab und brach sich das Genick. Wahrscheinlich habe der exzessive Haarwuchs eine genetische Ursache gehabt, erfährt man im Bezirksmuseum in der Herzogsburg. Dort ist auch Steiningers Originalbart ausgestellt, der aber durch die Konservierung auf zwei lange, dünne Bündel geschrumpft ist.

Das Museumsteam hat herausgefunden, dass Steininger in Europa bekannt war wie ein bunter Hund. In der Münchner Residenz gibt es eine Steininger-Stiege, und mitunter wird dort keck behauptet, dies sei die Stiege, auf der sich der Braunauer das Genick gebrochen habe. Vor Instagram und YouTube verließ man sich auf die Malkunst, um Kuriosa weiterzugeben. Und so fanden Bildnisse des Bartträgers ihren Weg in den Pariser Louvre, nach London und nach Boston. Neue Hinweise trudeln ein. »Den gibt's auch bei uns«, verkündete zuletzt ein Besucher aus Bamberg unter Verweis auf ein Steininger-Porträt in der dortigen Altenburg.

Adresse an der nördlichen Außenmauer der Pfarrkirche Sankt Stephan, Kirchenplatz 15, 5280 Braunau am Inn | Anfahrt B 147, B 148 oder B 156 nach Braunau, Beschilderung Zentrum, an der Ringstraße (bei der Kapuzinerkirche), am Inn (Stadtgasthaus Schnaitl) oder direkt am Stadtplatz parken und via Stadtplatz und Pfarrhofgasse zur Kirche | Öffnungszeiten ganzjährig zu besichtigen | Tipp Das Bezirksmuseum, Altstadt 10, Di – So, Tel. +43/(0)7722/808237, hütet weitere Kuriosa – etwa aus der k. u. k. Marine-akademie, die einst in Braunau (nicht am Meer!) angesiedelt war.

11 Die Hausbrauerei Bogner

Brez'n & Bier & Bayern lassen grüßen

Die Oberösterreicher sind Hopfen und Malz treu ergeben, und besonders im Inn- und Mühlviertel sorgen kleine Gasthaus- sowie Hausbrauereien für Geschmacksvielfalt auf höchstem Niveau. Zu diesen Dorados des Biers zählt die Hausbrauerei Bogner in Braunau. Vor gut zehn Jahren hauchte Helmut Bogner dem ehemaligen Dorfwirtshaus im Ortsteil Haselbach neues Leben ein. Von der anfangs »kleinsten Weißbierbrauerei der Welt« führte der Weg zur Erlebnisbrauerei.

Das Ambiente lässt den Bierliebhaber jauchzen. Unter Kastanienbäumen erstreckt sich eine Oase der Gastlichkeit und Gelassenheit, wie man sie auch in Bayerns Biergarten-Landschaft nicht allzu oft vorfindet. Am Tisch warten knusprige Brezen. Es wird ausgewiesen, was es gerade an Spezialitäten gibt. Etwa die leichte Sommerweiße, die an einem heißen Tag besser verträglich ist. Das Innere dominiert eine klassische Schank, wo neben den unfiltrierten Hausbieren, etwa dem Zwickl und dem herrlich süffigen Weißbier, als einzige filtrierte Biersorte das berühmte Augustiner Märzen aus Salzburg-Mülln gezapft wird. Kupfern glänzen die Sudkessel, in denen vor den Augen der Gäste die Bierköstlichkeiten entstehen. Der Brauprozess dauert mehrere Stunden, da bleibt, so der Hausherr, immer etwas Zeit, mit den Gästen zu plaudern.

Schweinsbraten, Backhendl und die frische Kesselheiße sind die Klassiker, die in den stimmungsvoll eingerichteten Gaststuben immer Anklang finden. Daneben zaubert die Küche köstliche Salate auf den Teller. Auch kulturell hat der Bogner der Gegend Impulse verliehen: Jazzkonzerte gehen im Sudhaus unter der Woche in Szene, Volksmusik der authentischen Sorte erklingt an den Wochenenden, mitunter werden aus dem nahen Bayern Kabarettisten verpflichtet. In alter Zeit pilgerten Gläubige wegen des Augenbründls nach Haselbach, heute sind die Zahlen derer größer, die zu Helmut Bogners Bier-Mikrokosmos pilgern.

Adresse Haselbach 26, 5280 Braunau am Inn, Tel. +43/(0)664/4400333 oder +43/(0)7722/22358, www.hausbrauerei-bogner.at | **Anfahrt** vom Stadtzentrum via Simbacher Landstraße, beim zweiten Kreisverkehr auf die Haselbacher Straße wechseln | **Öffnungszeiten** Di–So ab 11 Uhr, Nov.–März Mi–Fr ab 16.30 Uhr, Sa, So ab 11 Uhr | **Tipp** Werfen Sie einen Blick in die Valentinskirche gegenüber – sie geht auf die spätgotische Zeit zurück – und spazieren Sie über den Haselbacher Gehweg wieder in die Innenstadt.

12 Das Vorderbad

Heureka! Wasser und sonst nichts

Lange Zeit galt es als lebensgefährlich, den eigenen Körper mit Wasser in Berührung kommen zu lassen. Als 1601 Frankreichs künftiger König Ludwig XIII. das Licht der Welt erblickte, hielt der Leibarzt die Waschgeschichte des Sprösslings fest: Im Alter von fünf Jahren das erste Mal die Füße gewaschen, schon zwei Jahre später musste das arme Kind sein erstes Bad nehmen! Doch nicht überall feierte der Schmutz fröhliche Urstände. So erzählt das Vorderbad in Braunau – als eine von nur drei museal erschlossenen Badestuben Mitteleuropas – eine etwas andere Hygiene-Geschichte aus alter Zeit.

Vom 15. Jahrhundert bis etwa 1800 hatte dieses öffentliche Badehaus Bestand, dessen Fundamente im Untergeschoss eines baufälligen Gebäudes freigelegt wurden. Displays, Audiostationen und Modelle vergegenwärtigen Baderituale, die Parallelen zur Saunakultur von heute aufweisen. Man ließ die Haut von Dampf aufweichen und entspannte in hölzernen Zubern, die mit heißem Wasser befüllt wurden. Draußen murmelt der Stadtbach, der das Vorderbad und zwei weitere Bäder speiste. Gut vorstellbar, dass dem heimelig-entspannenden Ambiente der ein oder andere Geistesblitz entsprang – etwa nach dem Vorbild des Archimedes von Syrakus. Der griechische Mathematiker hatte einer Anekdote zufolge in einem Zuber die zündende Idee, wie sich das spezifische Gewicht eines Körpers bestimmen ließ. »Heureka!« (Ich hab's gefunden!), rief er aus und verkündete die Frohbotschaft in der Stadt.

Zum Berufsprofil des Baders, der den Braunauer Körperpflege-Tempel wohl zusammen mit einem Schöpfer, einem Scherer (Barbier) und einer Baddirn (Gehilfin) betrieb, gehörten auch Zahnextraktionen, Aderlasse und das Schröpfen. Ein bronzener Schröpfkopf zählt zu den wenigen Fundstücken. Und als gesichert kann gelten, dass man für einen Besuch im Vorderbad weniger geschröpft wurde als heute für einen Besuch in einer Therme oder einem Spa.

Adresse Färbergasse 13, 5280 Braunau am Inn, Tel. +43/(0)7722/62644 (TVB Braunau) | **Anfahrt** B 147, B 148 oder B 156 nach Braunau, Beschilderung Zentrum folgen, an der Ringstraße (bei der Kapuzinerkirche), am Inn (Stadtgasthaus Schnaitl) oder direkt am Stadtplatz parken, beim Torturm in die Färbergasse einbiegen | **Öffnungszeiten** Di – So 10 – 17 Uhr, Zwei-Euro-Münze mitnehmen | **Tipp** In diesem Bereich der Stadt hat sich historische Bausubstanz besonders gut erhalten – lassen Sie sich im »Malerwinkel« inspirieren.

13__ Die Konditorei Vogl

Lässliche Sünden begehen

Allerorten wird das Gleichbügeln gastlicher Angebote beklagt, Systemgastronomie erobert selbst Dörfer, und traditionelle Tugenden wie ehrliche Regionalität treten immer mehr in den Hintergrund.

Am Hauptplatz im beschaulichen Eferding steht der lebendige Beweis, dass es auch anders geht. Hier ist die Konditorei Vogl beheimatet. Ihre ornamentierte Fassade mit kunstvollen Fenstergittern ist ein Prachtstück des einheitlichen Barockensembles, das nach dem Brand Eferdings 1762 gestaltet wurde. Gotische Arkaden und Winkel des hinteren Hauses blieben unversehrt und bilden ein unvergleichliches historisches Ambiente, um Mehlspeisen in einem der ältesten Kaffeehäuser Oberösterreichs zu genießen. Den Besucher empfängt eine Vitrine mit hausgemachten Köstlichkeiten vom Apfelstrudel bis zur Sachertorte.

Spezialität des Hauses Vogl ist jedoch die Cremeschnitte, an der kein Mensch mit feinen Geschmacksnerven vorbeikommt: Leichte, luftige Schichten von Teig und Creme werden mit Glasur gedeckt und betteln förmlich um ihren Verzehr – kalorisch ein wenig über die Stränge zu schlagen ist hier eine lässliche Sünde. Das Interieur des Cafés ist eine Stilmischung, die von moderner Einrichtung über eine holzgetäfelte Stube bis zur kuscheligen Nische unter Steinbögen reicht.

Im ersten Stock über den original erhaltenen Arkaden gibt es in den Sommermonaten Feste, die an die Tradition des Hauses als Lebzelter und Wachszieher erinnern. In den mit josefinischen Schränken und Sekretären ausgestatteten Stuben werden zur Sommersonnenwende Metwein und Pumpernickel gereicht. Wer vom süßen Nektar nascht und in der Tradition von Jahrhunderten versinkt, dem steht der Sinn nicht nach Pappbechern und industriellem Backwerk. Ob es vereinheitlichte Coffeeshops noch in ferner Zukunft geben wird, bleibt dahingestellt – beim Vogl ist die Prognose hervorragend!

Adresse Stadtplatz 27, 4070 Eferding, Tel. +43/(0)7272/2384, www.cafe-vogl.at, office@cafe-vogl.at | **Anfahrt** B 129 nach Eferding, bis ins Zentrum zum Stadtplatz | **Öffnungszeiten** Di, Do–Sa 8–19 Uhr, Mi 8–22 Uhr, So und feiertags 9–19 Uhr | **Tipp** Im Schloss Starhemberg steht der Tisch, an dem W. A. Mozart die Zauberflöte komponierte!

14_Das Ibmer Moor

Nichts zu meckern hat die Bekassine

Nebeldunkle Sümpfe gelten seit jeher als Orte, wo unheimliche Wesen unvorsichtige Wanderer ins Verderben locken. Doch in den Augen von Naturfreunden laufen dort alles andere als Horrorfilme ab. Das Ibmer Moor etwa, mit einer Ausdehnung von gut 20 Quadratkilometern der größte Moorkomplex Österreichs, bietet 365 Tage im Jahr großes Naturkino und hält, was viel mehr zählt, Rückzugsräume für höchst selten gewordene Tiere und Pflanzen bereit.

Ein umfangreiches Führungsprogramm erschließt die verborgenen Wunder des 12.000 Jahre alten Landschaftsmosaiks an der Grenze zum Salzburgischen. Moor-Rangerin Maria Wimmer führt im Frühjahr auf die Spuren der Bekassine. Beim Balzen stürzen die Männchen aus großer Höhe dem Boden entgegen. Wenn der Wind durch die abgespreizten Schwanzfedern pfeift, entsteht ein Mecker-Geräusch, das der Art den Beinamen »Himmelsziege« eingetragen hat. Doch weder die Bekassine noch der Große Brachvogel oder der seltene Kiebitz haben hier was zu meckern. Während ihr Lebensraum generell schrumpft, finden sie in den Ibmer Feuchtwiesen noch genügend Nahrung vor.

Auf eigene Faust und trockenen Fußes lässt sich der Zauber der verwunschenen Landschaft auf Lehrpfaden erleben, die mit Holzplanken und Schautafeln ausgestattet sind. Orchideen recken am Wegesrand ihre farbenprächtigen Blütenkelche empor, der Sonnentau macht unvorsichtigen Insekten schöne Augen. Hier ein Teichfrosch, der mit einem Platsch in den Tümpel abtaucht, darüber sirrt im Zickzack eine riesige Libelle. Manchmal, wenn Wolken heranrollen, verschmelzen schlanke Birken, trostlose Baumstümpfe, verkrüppelte Föhren, mannshohe Gräser und dunkle Tümpel zu einem beinahe finnischen Landschaftsbild. Das Moor war schon seit jeher nicht nur für Schauergeschichten gut, sondern auch für Heilung. Und so findet man auch bald die Möglichkeit vor, die Füße in einem Moorbad zu suhlen.

Adresse Ortschaft Ibm, 5142 Eggelsberg, Tel. +43/(0)650/5604123 (für Moorführungen Maria Wimmer), www.moor-ausflug.at und www.seelentium.at | **Anfahrt** B 156 nach Eggelsberg, weiter auf der Ibmer-Moor-Bezirksstraße nach Ibm; der Moorwanderweg beginnt bei der Kapelle, ein weiterer auf dem Weg nach Hackenbuch | **Öffnungszeiten** ganzjährig frei zu begehen, auch Exkursionen ganzjährig | **Tipp** Lassen Sie das Moor-erlebnis mit einem Bad im Ibmer (auch Heratinger) See ausklingen oder besuchen Sie das Heimat- und Moormuseum, Hackenbuch 3, 5141 Moosdorf, am Südende des Moores, geöffnet April–Okt., nach telefonischer Vereinbarung unter +43/(0)7748/680.

15 Das Trappistenstift
Der Lohn des Schweigens

»Reden ist Silber, Schweigen ist Gold.« Wer die Ohren aufsperrt und den Wortmeldungen vieler Berufener und Unberufener lauscht, bekommt starke Sehnsucht nach Ruhe und Einkehr ins stille Ich. Hinter den dicken Mauern des Stifts Engelszell verschreiben sich Trappisten – genauer Zisterzienser der strengeren Observanz – dem Gelübde des Schweigens und nehmen die wechselvolle Geschichte ihres Klosters mit wahrem Gleichmut hin.

1293 wurde der Grundstein dieser gigantischen Anlage gelegt, die Stiftskirche mit ihrem perfekt renovierten Innenschiff ist Rokoko reinsten Wassers und fußt auf Vorbauten von Barock und Gotik. Eine Pestepidemie raffte innerhalb kürzester Zeit alle Brüder hinweg, und nach mühsamem Wiederbeginn wurde, während der Reformationszeit, der Konvent aufgehoben. Weder ein verheerender Brand noch die kirchenfeindlichen Aktivitäten Josefs II. oder die Verfolgung durch die Gestapo konnten den Trappisten etwas anhaben.

Zwar leben nur mehr wenige Ordensleute in den mächtigen Mauern, doch sie arbeiten umso emsiger daran, ihren Mitmenschen etwas Gutes zu tun. Wer nicht redet, hat viel Energie für andere Dinge: Die stillen Mönche haben daher eine grundgute Idee ihrer Brüder aus Frankreich und Belgien aufgenommen und eine Trappisten-Brauerei gegründet. Rohstoffe kommen aus der engsten Umgebung, Geschmack, Farbe und Aroma bilden regelrechte Kompositionen und munden vortrefflich. Gregorius, Nivard und Benno sind ehemalige Mönche und Namensgeber für Biersorten in bester Trappisten-Tradition: In dunklen Tönen schimmernd, feinperlig und würzig, schmecken diese austarierten Gerstensäfte ohne Übertreibung schier göttlich. »Bete und arbeite« ist der Grundsatz der Schweigemönche: Ein Motto, das im Lärm unserer Zeit zu Nachwuchsproblemen führt – am herrlichen Bier kann es ja nicht liegen, sonst würden Heerscharen an den Klostertüren pochen!

Adresse Stiftstraße 6, 4090 Engelhartszell, Tel. +43/(0)7717/80100, www.stift-engelszell.at | **Anfahrt** B 130 nach Engelhartszell, das Trappistenkloster ist weithin sichtbar | **Öffnungszeiten** täglich geöffnet – im Sommer 8 – 19 Uhr, im Winter 8 – 17 Uhr | **Tipp** Die Engelhartszeller Donau-Welt bringt dem Besucher Geschichte und Geschichten des Flusses ins Bewusstsein.

16__Das Museum Lauriacum
Ohrlöffelchen und Barbarenangst

Schilder und Speere, Schmuck und Salbentiegel, eine rekonstruierte Küche und ein seltenes Deckenfresko: Auf äußerst anschauliche Weise schlägt das Museum Lauriacum im Herzen von Enns eine Brücke in die römische Vergangenheit der Stadt und ganz Österreichs. Mit 6.000 Fußsoldaten war Lauriacum ab 200 nach Christus der größte Militärstützpunkt zwischen Regensburg im Westen und Carnuntum im Osten; in diesem Abschnitt nutzte die antike Supermacht die Donau als Grenze ihrer Provinz Noricum zu den Germanen.

Die Statuette eines gefesselten »Barbaren« verdeutlicht, dass die Gefahr einer Invasion aus dem Norden zumindest in den Köpfen präsent war. Doch die römische Lebenskunst kam auch an der Peripherie des Reiches nicht zu kurz. Formvollendete Möbelbeschläge aus Metall lassen auf eine gediegene, teils luxuriöse Ausstattung der Häuser schließen. Von früherer Designkunst zeugen ein Silberbecher mit Jagdszenen und ein höhenverstellbarer Klapptisch aus Bronze. Vielleicht klackerten darauf die Würfel, die die Angehörigen der Legio II Italica für ihre Brettspiele verwendeten?

Ungezählte Alltagsgegenstände hat das Erdreich um die versunkene Stadt freigegeben. Das antike Schmuckbedürfnis illustrieren Gemmen, Amulette, Armreife und Ringe; Pinzetten und Ohrlöffelchen demonstrieren den hohen Stellenwert von Körperpflege. Man erfährt, dass der Augenarzt Claudius Tiberius Saecularis eine »milde Salbe« gegen Beschwerden verschrieb.

Auch die wirtschaftlichen Sorgen waren vor 1.700 Jahren ähnliche wie heute. Eine Schauwand informiert über die galoppierende Inflation und die von Rom festgelegten Höchstkosten für Produkte und Dienstleistungen. So durfte ein frischer Fisch höchstens zwölf, ein Bär »bester Qualität« für die Arena maximal 25.000 Denare kosten.

Für die Landesausstellung 2018 über die Römer am Donaulimes wird diese einzigartig dichte Schausammlung noch einmal attraktiver gemacht.

Adresse Hauptplatz 19, 4470 Enns, Tel. +43/(0)7223/85362, www.museum-lauriacum.at | **Anfahrt** A 1 nach Enns (Ausfahrt 155), Beschilderung Richtung Zentrum folgen, das Ziel befindet sich gegenüber dem Stadtturm | **Öffnungszeiten** April–Okt. Di–Fr 10–17 Uhr, Sa, So 10–12 und 14–16 Uhr, Nov.–März nur So 10–12 und 14–16 Uhr | **Tipp** Besuchen Sie die Basilika Sankt Laurenz im Ortsteil Lorch mit den beeindruckenden Bauresten einer frühchristlichen Vorgängerkirche.

17__Das Schützenhaus

Die Erde ist eine (Schützen-)Scheibe

Der Koloss von Rhodos ist voller Einschusslöcher; auch die Schieß-
scheibe, die Napoleons Aufstieg und Fall bildlich nachvollzieht, weist
Spuren von Beschuss auf; und dass auf Hochzeiten anno dazumal
eifrig um die Wette gefeuert wurde, ist im Schützenhaus von Enns
mit einem Blick zu erkennen. Rund 180 bemalte Schießscheiben, die
älteste vom Ende des 17. Jahrhunderts, machen den Sitz der Privile-
gierten Schützengesellschaft Enns zu einer historischen Schatztruhe.

Vor der Einführung stehender Heere stellten Schützengesell-
schaften dem Kaiser im Kriegsfall Truppen. Und da ihre Mitglieder
lernen mussten, ins Schwarze zu treffen, entstanden im 16. Jahrhundert in den wichtigsten Orten Oberösterreichs Schießstätten. Als
sich die Ennser Schützen 1807 eine neue Bleibe leisteten, beschlos-
sen sie, die Belege ihrer wehrhaften Tradition zu sammeln und in
würdigem Rahmen zu präsentieren. Mit den beschossenen Zielschei-
ben schmückten sie die Decke und die Wände ihres Vereinshauses.

Manche der Exponate sind mannshoch, andere bestehen aus mehreren Teilen, wie etwa ein Stadtpanorama von Enns. Alltagsszenen,
Trachten von einst und Zunftzeichen sind zu sehen. Mitunter führte
Phantasie den Pinsel der Maler. Exotische Landschaften und my-
thologische Themen wie der Kampf zwischen David und Goliath
umfassen das Bildprogramm. Dazu kam so manch launiger Spruch –
etwa über die Ehe.

Oft lieferten hohe Besuche, Berufsjubiläen oder Hochzeiten den
Anlass für ein festliches Schießen. Mit Pulver und Blei ging man
damals aus einer Distanz von 150 Metern zu Werke. Präzisionsge-
wehre, Schießstände mit elektronischer Trefferanzeige und weitere technische Entwicklungen haben das Schützenwesen von Grund
auf verändert. Derart aufwendig gestaltete Scheiben gibt es kaum
mehr, doch die Ennser Schützen halten Tradition und Vereinsleben
hoch. Fixpunkt im Kalender ist das sommerliche Kaiser-Matthias-
Deputatschießen.

Adresse Privilegierte Schützengesellschaft Enns, Schießstättenstraße 17, 4470 Enns, Tel. +43/(0)7223/83681, www.privilegierte-schuetzengesellschaft-enns.at | **Anfahrt** A 1 Westautobahn nach Enns (Ausfahrt 155), Beschilderung Richtung Zentrum folgen, beim Kreisverkehr erste Ausfahrt Ennser Straße, dann über Wiener Straße, Ennsberg, Reintalgasse und unter der Brücke hindurch zum Ziel | **Öffnungszeiten** nach Vereinbarung | **Tipp** Spazieren Sie zum Hauptplatz hinauf und erklimmen Sie den Stadtturm von Enns – hier bietet sich ein phantastischer Blick übers Land.

18_ Das Schloss Mühldorf

Robbie im Rosengarten

Eine prächtige Schlossanlage, blühende Gärten, ein wunderschöner Sommertag … plötzlich ein Schrei, ein ganzer Chor von Schreien – was geschieht da?! Etwa eine Hexenverbrennung, eine Königskrönung? Mitnichten – wir befinden uns auf Schloss Mühldorf, und der Popstar Robbie Williams ist unter strengster Geheimhaltung eingetroffen, um vor einem Konzert auszuspannen. Einigen weiblichen Gästen ist der freudige Schock seiner Erscheinung in die Kehle gefahren, was in diesem Luxusresort keine Seltenheit ist. Berühmtheiten aus aller Welt geben sich die Klinke in die Hand, und die Besitzerfamilie Würmer hat es sich zur Aufgabe gemacht, Prominente und Ruhesuchende friedlich koexistieren zu lassen.

Die weitläufige Anlage wurde bereits im 14. Jahrhundert erwähnt und diente den Zisterziensern als Gutshof und Meierei. 1980 erfolgte der Umbau zum Schlosshotel, das seinem Namen wirklich Ehre macht: Die sanfte Renovierung lässt alte Substanz in neuem Glanz erstrahlen, ohne den Charme des Mittelalters zu verderben. Innerhalb der Ringmauer befindet sich ein Hoteldorf mit individuell gestalteten Zimmern, die einen Hauch von Adel und Eleganz verströmen.

Ein Rosengarten lädt zum Lustwandeln im Schlosspark ein, Golfplatz und Reithalle stehen für aktive Gäste bereit, und die »Sport-Arena« mit zwei Fußballplätzen spielt alle Stückerln. Davon kann man sich im Sommer überzeugen, wenn Fußballprofis aus Neapel, Frankfurt und Berlin Kraft für die neue Saison tanken – und Hobbykicker Robbie auch ein paar Pässe schlägt.

Nun ein kleiner Tipp am Rande: Sollte sich ein junger Leser zum Weltstar berufen fühlen, wäre es anzuraten, als Hotelpage oder Kellnerlehrling im Schloss Mühldorf anzuheuern. Wer weiß, vielleicht kann er einem Star-Trainer seine Ballkünste vorführen oder sie einem Casting-Juror ihre Sangeskünste präsentieren – und neben vier Hotelsternen steigt ein fünfter als Komet auf.

Adresse Mühldorf 1, 4101 Feldkirchen an der Donau, Tel. +43/(0)7233/7241, www.schlossmuehldorf.at, schloss@muehldorf.co.at | **Anfahrt** von der B 131 zwischen Ottensheim und Aschach nach Feldkirchen/Donau abbiegen, das Schloss ist gut ausgeschildert | **Öffnungszeiten** Das Schloss beherbergt ein Hotel und ist daher jederzeit zu besichtigen. | **Tipp** Die Donau-Staustufe Aschach ist ein Paradebeispiel der Wasserkraft-Architektur.

19___Das Krokodil im Hof

Der afrikanische Besucher

Freistadt war die einzige landesfürstliche Stadt im Mühlviertel und wurde 1220 von Herzog Leopold VI. gegründet. Durch besondere Privilegien bezüglich Handel und Gewerbe blühte und gedieh die Stadt über Jahrhunderte und ist heute ein Schmuckstück mittelalterlicher Architektur. Selbst Befestigungsanlagen, Wehrtürme und der Bergfried aus der Spätgotik sind in hervorragendem Zustand erhalten. Die engen Gässchen des inneren Bezirks sind kuschelig und lassen den Spaziergänger die Hektik der Außenwelt vergessen – man schlendert so dahin, ein wenig verträumt … und dann: Crocodile Dundee aus dem fernen Australien würde in diesem Moment des Schreckens sein gigantisches Jagdmesser ziehen und kurzen Prozess mit dem Monster aus dem Sumpf machen – denn mitten in der Pfarrgasse schwebt plötzlich ein riesiges Krokodil über den Häuptern der ahnungslosen Passanten!

Das zugehörige Haus gehörte ehemals dem Kolonialwarenhändler und Fotopionier Kasper Obermayr, der das Reptil nachweislich ausstopfen und hier aufhängen ließ. Über die näheren Umstände des Todes weiß nicht einmal der World Wildlife Fund Bescheid. Das Krokodil war um 1900 aus einem Wanderzirkus abgehauen und hatte sich irgendwo in Freistadt ein ruhiges Plätzchen gesucht. Das Jägerlatein besagt, dass mutige Weidmänner zu Werke gegangen sind und das Tier erlegt haben, von anderer Seite wird geraunt, dass Obermayr selbst dem Krokodil den Hals umgedreht hat. Am wahrscheinlichsten jedoch ist, dass Altersschwäche, Aufregung und die ungewöhnliche mittelalterliche Umgebung dem afrikanischen Besucher den plötzlichen Herztod bescherten.

Sei's drum, sein Schuppenpanzer ziert die Pfarrgassenarkade als skurriler Zeuge einer Zeit, als wilde Tiere noch im Zirkus vorgeführt wurden – heute werden beim Cirque du Soleil Zuschauer einzig durch menschliche Höchstleistungen in großes Staunen versetzt.

Adresse Pfarrgassenarkade, 4240 Freistadt | **Anfahrt** von der S 10 in Freistadt abfahren, am Parkplatz vor der Festungsmauer stehen bleiben und in die Innenstadt spazieren, die Pfarrgasse liegt unweit des Hauptplatzes | **Öffnungszeiten** Das ausgestopfte Krokodil ist jederzeit zu begutachten. | **Tipp** In der Konditorei Lubinger am Hauptplatz 10 können Sie Mehlspeisen vom Weltmeister genießen.

20__Der Gasthof Klinger
Bühnengerechte Frittaten

»Der Theatermacher« ist ein Stück von Thomas Bernhard, in dem ein Schauspieler namens Bruscon im winzigen Ort Utzbach gastiert und den Wirtshaus-Saal okkupiert. Dieses Paradestück der verlorenen Hoffnungen ist angereichert mit Seitenhieben auf den österreichischen Kulturbetrieb und kennt nur wenige Phasen der Harmonie – beim Essen der hauseigenen Frittatensuppe. Wie so oft im Schaffen Bernhards steckt hinter Grotesken und Absurditäten ein Körnchen Wahrheit aus seiner eigenen Erfahrungswelt: In diesem Fall ist es der Landgasthof Klinger im beschaulichen Gaspoltshofen, wo der Dramatiker gern einkehrte, um seinem leiblichen Wohl und innerem Archiv feinste Nahrung zu bieten. Hier kochte die Küchen-Doyenne Hedi Klinger jahrzehntelang mit außerordentlichem Gefühl für das Urwüchsige und Charakteristische dieser Region. Klassiker wie Schweinsbraten und Brathendl standen ebenso auf der Karte wie oberösterreichische Geheimnisse namens Leberbunkl, Stöcklkraut und Mehlknödel. Wer jetzt nicht auf Anhieb versteht, was damit gemeint ist, muss sofort den Rucksack packen und sich Richtung Grieskirchen aufmachen. Zwar ist Frau Klinger mittlerweile im Ruhestand, doch hat Sohn Willi keinerlei Ambitionen, die Küchenlinie zu ändern, sondern hört auf den Rat der geschmackssicheren Frau Mama. Daher bleiben Milzschnitten, Schweinsschopf und saure Erdäpfelsteckerln auf dem Speiseplan eines wunderbar oberösterreichischen Wirtshauses – dem Himmel sei Dank!

Kaum ein Schriftsteller polarisiert die Menschen so wie Thomas Bernhard: Die einen verfluchen ihn als Nestbeschmutzer und Provokateur der österreichischen Seele, die anderen preisen symphonische Sprache und hintergründigen Witz seiner Werke. Wie auch immer – ob »Frittatensuppen-Touristen« oder Liebhaber bodenständiger Küche, beim Klinger in Gaspoltshofen bekommt jeder, was er will: eine feine Mahlzeit à la Bruscon.

Adresse Jeding 1, 4673 Gaspoltshofen, Tel. +43/(0)7735/6913, www.gasthof-klinger.at |
Anfahrt von der A 8 bei der Abfahrt Meggenhofen/Gallspach abfahren, B 135 Richtung
Schwanenstadt, in der Ortschaft Jeding der Beschilderung folgen | **Öffnungszeiten** Mi–Sa
10–14 und 17.30–24 Uhr, So und feiertags mittags geöffnet, abends geschlossen | **Tipp** Im
Sommer gibt es im »Theater Meggenhofen« unweit von Jeding Festspiele auf dem Bauernhof.

21 Die Galerie in Granit

Mahnmal für die halbe Ewigkeit

In Stein gearbeitete Felsbilder (Petroglyphen) gehören zu den frühesten künstlerischen Zeugnissen der Menschheit. Und da der Mühlviertler Granit zu den härtesten Gesteinsarten der Welt zählt, werden die Kunstwerke, die Miguel Horn am Kalvarienberg von Grein aufgestellt hat, wohl eine halbe Ewigkeit Bestand haben. Das ist von entscheidender Bedeutung, denn Horn will mit seiner Galerie in Granit nicht weniger als Informationen über unsere Zivilisation weitergeben, die selbst eine Mega-Katastrophe überstehen würden.

»Deep-Time-Memorial« lautet der Fachbegriff für solche Denkmäler. Zwischen plastisch-konkret und abstrakt-symbolisch schillert das Bildprogramm des Mostviertler Bildhauers. Als eindringliche Warnungen vor dem zerstörerischen Umgang mit der Natur lassen sich manche der Petroglyphen entziffern. Auf einem tonnenschweren Monolithen ist die Silhouette eines Kraftwerks zu erkennen – das Bild darunter zeigt einen Strahlenkranz um einen in Trümmern liegenden Block – Tschernobyl und Fukushima lassen grüßen. »Evolution«, so der Titel eines weiteren Piktogramms, zeichnet comicstripartig die Entwicklung vom Menschen zum Schwein an einem gedeckten Tisch nach.

Andere Felsbilder halten den Status quo der westlichen Zivilisation fest: Umrisse von Menschen, Häusern, Autos, dicht an dicht in den Granit gemeißelt. Die ausgestreckte Hand wiederum hat ihre Vorbilder in prähistorischen Felsritzungen und in steinzeitlich bemalten Höhlen. Ihre genaue Bedeutung erschließt sich heute nicht mehr. Diesen Gedanken weiterzuspinnen hat seinen Reiz. Was würde wohl ein Besucher von einem fernen Planeten mit Felsritzungen von Micky Maus und Diddl-Maus anfangen können? Würden die Aliens annehmen, dass sich hier die früheren Bewohner des Planeten verewigen wollten? Ein zum Denken anregender, berührender und manchmal ob seiner skurrilen Details belustigender Streifzug.

Adresse Kalvarienberg, 4360 Grein, Tel. +43/(0)7268/7055 (TVB Grein), www.miguelhorn.at | **Anfahrt** B 3 nach Grein, via Stadtplatz, Hauptstraße und Jubiläumstraße (= Verlängerung) zum Kalvarienberg oder zu Fuß 15 Minuten vom Stadtzentrum | **Öffnungszeiten** ganzjährig frei zugänglich | **Tipp** Begeben Sie sich auf eine Wanderung durch die wildromantische Stillensteinklamm – ausgeschildert als Weg 9, ab der Galerie in Granit.

22 Das Schifffahrtsmuseum

Heiliger Nikolaus, einen Schwimmreifen!

Wer als Kind ohne sich zu verhaspeln und in einem Affentempo das Wortungetüm Donaudampfschifffahrtsgesellschaftskajütenkapitän über die Lippen brachte, hatte die ultimative Sprachkompetenz-Prüfung bestanden. Wer in alten Zeiten ein Schiff durch die tückischen Strudel bei Grein steuern, eine Ladung Eisenerz die Enns hinabschiffen, Salz über die launische Traun nach Gmunden befördern oder die Salzach-Schlinge bei Laufen meistern wollte, der musste auch jede Menge auf dem Kasten haben. An diese mutigen Flößer und Kapitäne erinnert das Oberösterreichische Schifffahrtsmuseum auf Schloss Greinburg.

Um 1800 begannen Ingenieure damit, die für die Donauschifffahrt gefährlichen Unterwasserfelsen bei Grein mit Sprengungen zu entschärfen. Doch der Nervenkitzel blieb, wie auch zwei putzige Signalkanönchen signalisieren. Einst wurden sie abgefeuert, um den Gegenverkehr zu warnen. Der heilige Nikolaus, Schutzpatron der Schiffer, ist auf Fahnen und Gemälden präsent. Von opulent bemalten Rudern und Zunftkrügen spannt die Sammlung einen Bogen zu detailgetreuen Modellen. Den Zillen, Plätten und Flößen, die auf den kleineren Flüssen verkehrten, sind Nachbauten der Donau-Dampfschiffe an die Seite gestellt. Etwa die »Maria Anna«, die 1837 die Passage zwischen Wien und Linz in 55 Stunden und 28 Minuten schaffte – in der Zeit ließe sich die Distanz locker auch zu Fuß bewältigen!

Der Verlust des Meerzugangs nach dem Ersten Weltkrieg hat in Österreich auch die Erinnerung an die Binnenschifffahrt verblassen lassen. In den sonnendurchfluteten Sälen der Greinburg leben alte Traditionen wieder auf, und ein Blick aus dem Fenster erschließt zugleich den Status quo der Donauschifffahrt: Riesige Schubverbände und Passagierschiffe durchpflügen die Wellen, dazwischen schiebt sich nostalgisch »D'Überfuhr« ins Bild, eine Zille, die heutzutage vor allem Radfahrer ans gegenüberliegende Ufer befördert.

MH

Wer Gott zu einem Beser often hat
Der fahret sicher fruh und spat.

Adresse Greinburg 1, 4360 Grein, Tel. +43/(0)7268/700718, www.schloss-greinburg.at | **Anfahrt** über A 1 (Ausfahrt Amstetten West) und B 3, Parkmöglichkeiten an den Stadt-einfahrten; das Ziel ist bestens ausgeschildert | **Öffnungszeiten** Mai–26. Okt. täglich 9–17 Uhr | **Tipp** Lassen Sie sich von »D'Überfuhr« über die Donau befördern – von Wiesen in Niederösterreich beziehungsweise vom Brandstetterkogel (etwas anstrengender) bietet sich ein herrlicher Blick auf Grein!

23___Das Stadttheater
Vorhang auf!

Österreich gegen Ende des 18. Jahrhunderts: Kaiser Josef II. ließ in seinem Reformeifer keinen Stein auf dem anderen; so ließ er etwa zahlreiche Klöster aufheben – mit dem Effekt, dass die karitativen Pflichten auf die Kommunen übergingen. In Grein begegneten findige Bürger der neuen Situation mit der Gründung eines Stadttheaters, um aus den Erträgen die Armen zu unterstützen. Über die Jahre wurden die Bewohner des Donau-Städtchens zu wahren Theaternarren. Ihr Theaterhaus im ehemaligen Getreidespeicher des Rathauses ist ein wunderbares, verwinkeltes, verspieltes Universum der Schauspielkunst.

Über knarrende Stiegen betritt man dieses älteste Bürgertheater im deutschen Sprachraum. Rechts lohnt ein Blick in den Fundus: Perücken und Federboas, Tropenhelme und ein Bärenfell, einfach alles, was ein Mime nur benötigen könnte, lässt sich hier entdecken. Doch das Schmuckstück ist der Theatersaal. 128 Besucher dürfen auf den alten Stühlen Platz nehmen; die von Säulen getragene Galerie wirkt, als würde sie vornüberfallen. Sie ermöglicht auch von den hinteren Reihen einen guten Blick.

Einzigartig sind etwa die Sperrsitze, die man nur mit dem dazugehörigen Schlüssel herunterklappen konnte. Das Schlüsselkästchen hängt dort, wo sich einst ein Fenster zum Gemeindekerker öffnete. Es heißt, dass die Häftlinge dem Publikum erst gegen Versorgung mit Tabak und Essen ungestörten Kunstgenuss ermöglichten. Ein weiteres Kuriosum: Das historische Plumpsklo, nur durch einen Vorhang vom Zuschauerraum getrennt. Masken sind zu sehen, historische Theaterzettel, der älteste von 1793, spicken die Wände. Nicht nur als Museum ist das Stadttheater eine Wucht. Den Sommer über locken Wiener Profiensembles Publikum von nah und fern an; aber auch Orchester, Autoren und die Greiner Dilettantengesellschaft – theaterliebende Bürger – bespielen die Bretter, die die Welt bedeuten!

Adresse Stadtplatz 7, 4360 Grein, Tel. +43/(0)7268/7055 (TVB Grein),
www.stadttheater-grein.at | **Anfahrt** B 3 nach Grein, an den Stadteinfahrten parken
und zu Fuß zum Stadtplatz gehen | **Öffnungszeiten** Mai–26. Okt. Mo–Sa 9–12 und
14–18 Uhr, So und feiertags 14–16 Uhr, Spielplan siehe Website | **Tipp** Lassen Sie das
Flair des Städtchens auf sich wirken und genießen Sie anschließend in der Konditorei
Schörgi (Rathausgasse 2) verführerische Torten mit Blick auf die Donau.

24 Die Schloss-Südfront

Die tanzende Salome

Der Heilige Vater in Rom erfreut sich bester Gesundheit, und er kann alljährlich den Segen »Urbi et orbi« an die Gläubigen senden. Die Südfront des Schlosses Parz in Grieskirchen prophezeite ihm ein schlimmes Schicksal, denn als Antichrist ertrinkt er hier im Roten Meer.

Diese schreckliche Vision war dem 16. Jahrhundert geschuldet, als in Oberösterreich ein Religionsstreit wütete und Besitzer Sigmund von Pollheim als gestandener Protestant seinen katholischen Feinden das Allerschlechteste wünschte. Der Adelige hatte neben dem zu kleinen Wasserschloss 1572 damit begonnen, ein zum See hin offenes Landschloss mit für die Renaissance typischen Arkaden zu bauen, und ließ an der riesigen landesinneren Südseite flächendeckende Fresken anfertigen, die durch große Kunstfertigkeit bestechen. Doch bei genauerer Betrachtung entdeckt man den tieferen Sinn der Figuren und Szenen, der vom Geist der damals blühenden Reformation befackelt war. Pollheim hatte sogar den katholischen Pfarrer von Grieskirchen ins Gefängnis stecken lassen, protestantische Prediger an seine Stelle gesetzt und damit den Zorn der römischen Kirche herausgefordert. Tüpfelchen auf dem i waren papstfeindliche Wandgemälde, die katholische Sitten und Gebräuche in ein ausgesprochen schiefes Licht rückten. Der Heilige Vater als Beelzebub, Salome als Go-go-Tänzerin und die Amtskirche samt und sonders als degenerierter Haufen – heutzutage würde man von politischer Unkorrektheit sprechen!

Jahrhundertelang waren die prächtigen Außengemälde hinter dickem Putz verborgen, erst 1985 erwarb Georg Spiegelfeld das Schloss und ließ, mit tatkräftiger finanzieller Unterstützung der Messerschmitt-Stiftung in München, die Fresken freilegen. Das dauerte unglaubliche zehn Jahre, doch die Mühsal hat sich gelohnt – den Besucher erwarten nicht nur prächtig restaurierte Wandbilder, sondern ein faszinierendes Kaleidoskop der beginnenden Neuzeit.

Adresse Parz 2, 4710 Grieskirchen, www.landschloss-parz.at | **Anfahrt** von der A 8 bei der Abfahrt Meggenhofen / Gallspach auf die B 135 nach Grieskirchen, weiter nach Parz, das Schloss ist nicht zu übersehen | **Öffnungszeiten** Die Fresken sind jederzeit zu bestaunen. | **Tipp** Der Name des Restaurants »Waldschänke« in Kickendorf 15 bei Grieskirchen klingt schlicht, es ist aber einer der besten Gourmettempel Oberösterreichs.

25_Der »Jagersimmerl«

Mann gegen Mann

Nicht umsonst nennt man die wildromantische Gegend rund um Grünau das »Tal der Gesetzlosen«. Wo heute friedliebende Wanderer umherstreifen, um die Schönheit der Natur zu genießen, ging es weiland wild zu, und das im wahrsten Sinne des Wortes. Hier lieferten sich Wilderer und Förster Gefechte, die Mann gegen Mann ausgetragen wurden, doch historisch den ewigen Unterschied zwischen Haben und Nichthaben bedeuteten: Der Adel durfte Wildbret genießen, das niedere Volk schaute durch die Finger. So gesehen ist der »Jagersimmerl« ein Sinnbild der modernen Demokratie, denn hier bekommt jeder Hungrige einen zarten Hirschrücken serviert.

Der am idyllischen Almsee gelegene Gasthof wird von der Familie Bergbaur mit Liebe zum Detail bewirtschaftet. Das prächtige Haus verfügt über holzgetäfelte Stuben mit einem heimeligen Kachelofen, zahlreiche Trophäen an den Wänden zeugen von der Zielgenauigkeit der Besitzer. Frische Fische aus Bach und See, Gemüse und Fleisch von befreundeten Bauern und natürlich herrliches Wild stehen auf der Speisekarte: Geräucherter Hirschschinken mit Apfel-Holler-Mus, Wildschweinragout mit Pilzen, Speck und Serviettenknödeln, Topfennockerl mit Zwetschkenröster – hier paart sich die Urwüchsigkeit des Tals mit modernem Küchenstil.

Nach solchen Genüssen und zwei, drei Achterln kann einen die Müdigkeit packen, daher laden hellhölzerne Fremdenzimmer zur Bettruhe ein. Und hier gibt es kein böses Erwachen, denn ein phantastischer Ausblick und Frühstück unter Kastanienbäumen erwarten den Gast. Jaja, lang ist's her, dass die Büchserln krachten, die Böcke fielen und kernige Burschen mit gefärbten Gesichtern ihre Beute wegschleppten. Wenn am Stammtisch des »Jagersimmerls« Weidmänner des Almtals zusammensitzen, dann machen Mären einer versunkenen Zeit die Runde – ob Jägerlatein oder nicht, so manch einer bekommt feuchte Augen in Erinnerung an diese Heldentaten!

Adresse Habernau 6, 4645 Grünau im Almtal, Tel. +43/(0)7616/85 05, office@jagersimmerl.at | **Anfahrt** von der B 120 von Gmunden kommend in Scharnstein auf die L 549 in Richtung Grünau, weiter Richtung Almsee, der Gasthof liegt linker Hand | **Öffnungszeiten** Mitte Dez.–Mitte Okt., Dienstag Ruhetag | **Tipp** Der nahe gelegene kristallklare Almsee lädt geradezu zu einem Verdauungsspaziergang ein!

26 Der Hausruck-Kobern-außerwald-Wanderweg

275 Quadratkilometer Einsamkeit

»In den Wäldern sind Dinge, über die nachzudenken man jahrelang im Moos liegen könnte«, schrieb Franz Kafka. Auf den grünen Ozean, den der Kobernaußerwald zusammen mit dem Hausruckwald auf satten 275 Quadratkilometern bildet, trifft das zweifellos zu. Hier regieren die Fichte und die Einsamkeit, hier sagen Fuchs und Hase einander Gute Nacht, wenn sie sich überhaupt über den Weg laufen. Haag am Hausruck ist Ausgangspunkt, Mattighofen im Westen Ziel des gut 60 Kilometer langen Hausruck-Kobernaußerwald-Wanderwegs.

Die Hügelrücken sind dicht bewaldet, so müssen Aussichtswarten für das große Panoramabild sorgen; am Steiglberg mit der Kobernaußerwald-Warte entrichtet man seinen Obolus, um sich mehr als 120 Stufen nach oben zu arbeiten. Die Mühe lohnt sich, der Blick reicht bei Schönwetter weit vom Böhmerwald im Norden bis zu den Alpen am südlichen Horizont. Wie ausgestanzt erscheint die Linie, wo die Ausläufer des dunkelgrünen Meeres in das Alpenvorland abtauchen.

Noch eine Stärkung beim Turmwirt nebenan, dann geht es weiter im meditativen Takt, im gleichmäßigen Auf und Ab über Forststraßen und Pfade. Lichtlanzen ertasten sich durch das Spalier der Nadelbäume ihren Weg in die Region der Beeren und Schwammerl. Hier arbeitet sich ein Specht an einem Baumstamm ab, dort summt und surrt Bienen- und Hummelvolk auf einer vor Wildblumen nur so strotzenden Lichtung. Ein Pilger, der auf dem Marienweg unterwegs ist, zwei Radfahrer, ein Holzarbeiter – und das war's an Begegnungen an diesem Tag. Menschenarm auch die Weiler, die sich alle paar Kilometer aus dem Wald herausschälen, so einsam gelegen, dass man ums Eck ein Pfefferkuchenhäuschen wähnen könnte. So einen Wald müssen die Gebrüder Grimm im Kopf gehabt haben, als sie Hänsel und Gretel auf den Weg schickten.

Adresse zwischen 4680 Haag am Hausruck und 5230 Mattighofen, der Weg ist gut ausgeschildert (auch als E 10), www.wandern.com/touren/hausruck-kobernausserwald-weitwanderweg | **Anfahrt** A 8 Abfahrt Haag am Hausruck, die Route beginnt am Orts-eingang bei der Sommerrodelbahn | **Öffnungszeiten** ganzjährig, beste Wandermonate Mai–Okt. | **Tipp** Lassen Sie sich Zeit, eine erstklassige Übernachtungsmöglichkeit auf halbem Weg bietet etwa das Gasthaus Rohrmoser, Maireck 15, 4924 Waldzell, Tel. +43/(0)7754/2592.

27 Die Schlögener Schlinge

Ein bisschen »Miami Vice«

Was ist ein epigenetisches Durchbruchstal? Mit der Beantwortung dieser Frage könnte man bei der »Millionenshow« mühelos den Hauptgewinn einsacken, denn sie lautet »Schlögener Schlinge«. Im fernen Tertiär grub sich die Donau ein mäanderndes Flussbett durch weiche Schichten und beinharten Granit; als sich die Landmasse hob, verblieb sie in einem hunderte Meter tiefen Engtal und bildete in Schlögen einen fast vollständigen Kreis. So viel zu den trockenen geologischen Fakten, dem Naturliebhaber bietet sich hier ein einzigartiges Juwel, das 2008 zum Naturwunder Oberösterreichs ernannt wurde. Auf dem Donausteig gelangt man zum »Schlögener Blick«, einer Aussichtsplattform mit herrlicher Sicht auf die wasserumschmiegte, hoch aufragende und dicht bewaldete Landzunge. Wer diesen Bergkamm von der Ortschaft Freizell aus besteigt, erreicht auf dem schmalen Plateau des Gipfels die ehemalige Höhenburg. Die heutige Ruine umfasst Burgtor, Ringmauer und Wohnturm. Von dessen Ausguck kann man ein und denselben Fluss von beiden Seiten betrachten – einzigartig! Weitwanderwege rund um dieses Bijou des Donautals führen über versteckte Schluchtwälder und wildromantische Felshänge, auf befestigten Pfaden geht es durch urwaldgleiches Gelände. Es gibt sogar geführte Nachtwanderungen, bei denen man eulengleich entlang der Donau herumstreifen kann.

Der Sommer bietet eine besondere Attraktion: Reeder Christian Bauer und seine Motorzillen »Verena« und »Marlene« stehen bereit, um Passagiere rund um die Schlögener Schlinge zu chauffieren. Wer glaubt, dass gemächlich übers Wasser geschippert wird, irrt – mit bis zu 60 Kilometern pro Stunde können diese Boote über die Wellen brettern, und bei freier Sicht dürfen sogar Landratten ans Ruder. Pflügt die spitze Zillennase das Wasser der Donau, fühlt man sich wie Sonny Crockett in »Miami Vice« … nur die rosa Flamingos und bunten Art-déco-Villen fehlen.

Adresse 4083 Haibach ob der Donau, Ortsteil Schlögen; Zillenfahrten zu buchen unter Tel. +43/(0)699/12645211 oder christian.bauer@donauerfahren.at | **Anfahrt** von der B 130 in Schlögen abbiegen und zur Donauschlinge fahren | **Öffnungszeiten** Das Naturjuwel ist ganzjährig zu bestaunen. | **Tipp** Auf der Terrasse des Hotel-Restaurants »Donauschlinge« kann man frische Fische direkt am Wasser genießen.

28__Der »Welterbeblick«

Hallstatt aus der Vogelperspektive

Am Dachsteinmassiv zwischen Steiermark und Oberösterreich hat man es zu unerreichter Meisterschaft gebracht, die Besucher auf Aussichtsplattformen, Glasböden mit Tiefblick und schwankenden Hängebrücken über Abgründe hinauszulocken und ihnen perspektivische Extra-Kicks zu verschaffen. Ramsau hat den »Skywalk« und die »Treppe ins Nichts«, Obertraun die »Five-Fingers«-Plattform, und seit Kurzem wartet auch Hallstatt mit einer stahlgewordenen Panorama-Attraktion auf: dem »Welterbeblick« am Rudolfsturm.

Wie ein Pizzastück schiebt sich die Konstruktion in die Lüfte hinaus und erschließt einen Direttissima-Blick auf den Ort, der seine Existenz einem bereits vor 7.000 Jahren entdeckten Salzvorkommen verdankt. »Malerisch« ist gar kein Ausdruck für die Bilder, die sich aus der Vogelperspektive auftun. 360 Meter tiefer leuchtet der Hallstätter See tintenblau in seinem Trog. Die Boote am See sind auf Spielzeuggröße geschrumpft. Dicht drängen sich auf der schmalen Landzunge die Häuser aneinander.

Wer das Panorama auskosten will, der muss allerdings eine Portion Adrenalin investieren. Ja, ja, man hat die technischen Informationen zur Kenntnis genommen: Dass die 200 Tonnen schwere Gesamtkonstruktion mit allen technischen Finessen im Fels verankert ist, dass 60 Kubikmeter Beton als Gegengewicht dienen, um das absolut sichere »Schweben« der Plattform zu ermöglichen. Dass diese Belastungstests unterzogen worden ist und man auf dem Skywalk so sicher ist wie in Abrahams Schoß ... Doch es hat trotzdem etwas Abenteuerliches, den festen Boden zu verlassen und zwölf Meter ins Nichts hinauszuschreiten. Um wieder richtig Erdung zu bekommen, sollte man den Weg nach unten zu Fuß antreten. Der Zacken über dem Abgrund verliert beim Blick zurück an Schrecken, und für den Mut darf man sich im Bräugasthof Lobisser oder beim Seewirt Zauner mit Delikatessen aus den Tiefen des Sees belohnen.

Adresse beim Rudolfsturm, 4830 Hallstatt | **Anfahrt** A 1 Abfahrt 224-Regau, B 145, B 166 und L 547 nach Hallstatt, bei der Talstation Salzbergbahn parken, weiter per Salzbergbahn oder zu Fuß vom Ortszentrum | **Öffnungszeiten** ganzjährig für Fußgänger, barrierefreier Zugang während der Öffnungszeiten der Salzbergbahn April–Ende Nov. | **Tipp** Besuchen Sie das Salzwelten-Schaubergwerk im Hochtal und erleben Sie die uralte Bergbaugeschichte Hallstatts mit Bronzezeitkino sowie der ältesten Holzstiege Europas, Tel. +43/(0)6132/2002400, www.salzwelten.at.

29 Die Mechanische Klangfabrik

Glück bei den Frauen

Der schmucke Ort Haslach wirkt auf den ersten Blick verträumt, doch hier verbirgt sich ein Bollwerk oberösterreichischer Kultur: Dem Museumsquartier in Wien nicht unähnlich befinden sich auf engstem Raum mehrere Museen, die Bedeutung und Geschichte dieser Gemeinde hervorheben. Das Weberei-Museum, die Schausammlung für Volkskunst und das textile Zentrum ziehen Interessierte an, doch die »Mechanische Klangfabrik« ist ein besonderes Prachtstück.

Der Haslacher Erwin Rechberger hat im Laufe seines Lebens aus der ganzen Welt Musikautomaten zusammengetragen, die das Volk auf Kirtagen, in Ballsälen oder Tanzschuppen unterhalten haben. Der Verein »Kultur in der Fabrik« sorgt heute dafür, dass Kuriositäten von der Barockzeit bis zur Moderne bestaunt werden können. Unter fachkundiger Führung begeht man eine Zeitreise der Klänge, es erschallen wunderbar ornamentierte Drehorgeln neben fein ziselierten Glockenuhren, blank polierte Grammophone neben Klavieren mit eingebautem Melodienspeicher. Rund 150 verschiedene Automaten liefern Musik für alle Anlässe, vom flotten Marsch bis zum sanften Walzer ist alles zu hören – und die fachkundigen Vermittler erklären Innenleben und Funktionalität der Wunderkästen. Als es noch nicht genügte, auf einen Knopf zu drücken und jeden Sound aus dem Äther abzusaugen, musste mit handwerklichem Geschick ein mechanischer Ablauf hergestellt werden. Technische Qualität war Ehrensache der Konstrukteure und das kluge Verstecken der Klang-Apparaturen etwas für Tüftler. Aufgelockert wird die Schau durch launige Sinnsprüche rund um die Musik. »Wer Klavier spielen kann, hat Glück bei den Frau'n!«, summte Jopi Heesters auf seine unvergleichliche Art. Wenn man die richtigen Hebel und Register zieht, klingen die Tasten ebenso schön, und die harten Stunden des Lernens fallen unter den Tisch – zwar unfair, aber im Krieg und in der Liebe ist alles erlaubt!

Adresse Stelzen 15, 4170 Haslach, Tel. +43/(0)7289/72300, www.mechanischeklangfabrik.at, kneidinger@boehmerwald.at | **Anfahrt** B 38 in Haslach Richtung Bahnhof, in die Innenstadt abbiegen, das Museum liegt unweit des »Vonwiller-Areals« | **Öffnungszeiten** variieren je nach Jahreszeit, am besten, Sie melden sich zu Führungen an | **Tipp** Die »Wäsch« ist ein Plätzchen am Marktbach, wo heute noch Haslacher ihre Teppiche waschen – zuschauen und lernen!

30__Die »Stille Nacht«

Jetzt wird's »eiwendi«

Jedes Jahr wird es einmal leiser als sonst, am Heiligen Abend versammeln sich – zumindest in unseren Breitengraden – Menschen unter dem Tannenbaum und singen Lieder, die Herz und Seele berühren. So wird das Feld bereitet für besinnliche Stunden und einen reich bestückten Gabentisch – praktisch überall mit einer Weise aus Oberösterreich, die ihren Weg um die gesamte Weltkugel gemacht hat.

Weihnachten 1818 erlebte das Lied »Stille Nacht, Heilige Nacht« seine Welturaufführung in der Kirche von Oberndorf. Der Dorfschullehrer und Organist Franz Xaver Gruber verfasste die Melodie, Josef Mohr steuerte den Text bei. Was als stimmungsvolles, auf gut Oberösterreichisch »eiwendiges« Weihnachtslied gedacht war, konnte durch perfekte Harmonie überzeugen, wird mittlerweile in unzähligen Versionen von Alaska bis Zimbabwe gesungen und ist Weltkulturerbe. Gruber war ein gebürtiger Hochburger. Hier steht ein Museum, seinem Geburtshaus ähnlich, in dem die Welt des 18. Jahrhunderts aufersteht – Webstuhl und Tafelklavier inklusive. Dieses Gedächtnishaus bildet zusammen mit dem »Gruber G'wölb« im Stift Hochburg und dem jährlichen Historienspiel im Dezember eine stimmige Erinnerung an den Komponisten eines wahren One-Hit-Wonders! Schön ist es in Hochburg das ganze Jahr, aber vor Weihnachten bekommt der Geburtsort Grubers ein einzigartiges Flair – das gesamte Dorf wird mystisch und jeder Besucher sanft in eine stille und heilige Nacht versetzt.

Der würdige Abschluss jedes Besuches ist ein Spaziergang rund um Hochburg. Man defiliert an Skulpturen des Bildhauers Hubert Flörl vorbei, die alle Kontinente verkörpern, gehalten von bronzenen Engelsflügeln und Lebensstationen Grubers markierend. Am Ende des Weges wartet an der gotischen Pfarrkirche eine weitere Plastik: Gruber und Mohr tragen dem heiligen Kind »Stille Nacht« vor – ein wenig kitschig, aber herzerwärmend!

Stille Nacht, Heilige Nacht!
Alles schläft, einsam wacht

Nur das traute, hochheilige Paar
Holder Knab im lockigen Haar

Schlafe in himmlischer Ruh
Schlafe in himmlischer Ruh

Adresse Franz-Xaver-Gruber-Gedächtnishaus, Hochburg 44, 5122 Hochburg-Ach, Tel. +43/(0)7727/22550 | **Anfahrt** über B 156 und Oberinnviertler Landesstraße nach Hochburg-Ach | **Öffnungszeiten** täglich 13.30–16.30 Uhr | **Tipp** Direkt beim Hochburger Kirchberg finden Sie den »Johannesbrunnen«, einst Quell taufrischen Weihwassers.

31 Die Aussichtsplattform

Phönix aus dem Schlick

Graugänse schnattern um die Wette. Das Gezeter schwillt an, es wird auf einmal grob, dann erheben sich einige Streithähne in die Lüfte und verschwinden. Ungerührt haben Dutzende von Teichhühnern und Brandgänsen den artinternen Zwist verfolgt. Im »Europareservat Unterer Inn« ist man in der Poleposition, wenn man Wasservögel beobachten will. Die besten Bedingungen dafür bieten Aussichtsplattformen wie jene in Kirchdorf. Ein Blick durch das Aussichtsfernrohr, ein vergleichender Blick auf die Schautafeln – und schon sind die am großen Vogeltanz Beteiligten identifiziert.

Ruhig fließt der Inn an dieser Stelle dahin; eingerahmt von Auwald und Schilfgürteln verliert er sich als braunes Band in der Ferne. Von der Salzachmündung bis nach Schärding geht es am Inn ziemlich paradiesisch zu. Das ist auf eine Mischung von menschlicher Torheit, Zufällen und unvorhergesehenen Nebenwirkungen zurückzuführen. Um 1900 zwängten Ingenieure den Fluss in ein enges Granit-Korsett, um seine Launen zu bannen. Die Hochwässer gingen zwar zurück, aber die Auen als wichtige Lebensräume von Tieren und Pflanzen trockneten aus. 40 Jahre später begann man das Energiepotenzial des Flusses anzuzapfen – mit der paradoxen Folge, dass über die Jahre in den Staubereichen Inseln, Sand- und Schlickbänke entstanden, wie es sie einst am schäumenden Wildfluss gegeben hatte.

Heute zählt das bayerisch-oberösterreichische Schutzgebiet zu den bedeutendsten Brut-, Durchzugs- und Überwinterungsgebieten für die Vogelwelt. 300 Arten haben Ornithologen dokumentiert, vom winzigen Eisvogel bis zum mächtigen Seeadler. Ein Netzwerk von Lehrpfaden durchzieht das Paradies, aber manchmal reicht es einfach, von einer Plattform aus das pralle Vogelleben vorbeiziehen zu lassen. Das Uferdickicht hallt wider vom Tschilpen, Tirilieren, Zwitschern und Krächzen. Action liegt hier immer in der Luft!

Adresse Katzenbergleithen, 4982 Kirchdorf am Inn, www.europareservat.de, www.innviertel-tourismus.at | **Anfahrt** von Linz A 8, Ausfahrt 65-Ort im Innkreis, von der B 148 bei Katzenberg rechts abbiegen und zum Inn hinabfahren; aus Westen B 148, Abzweigung Pirath nach links, durch Kirchdorf, links zum Inn, die Plattform ist unübersehbar | **Öffnungszeiten** ganzjährig | **Tipp** Mit den Guides von Kanu Aumayr, Gießereistraße 8, 5280 Braunau am Inn, Tel.+43/(0)7722/81600, www.kanuaumayr.at, lässt sich das Europareservat vom Fluss aus erkunden. Fernglas mitnehmen!

32 Das Kulenkampff-Grab
»Einer wird gewinnen«

In Zeiten greller Casting-Shows, gnadenloser Juroren und ewig gleicher »Unterhaltungssendungen« sehnt man sich ein wenig nach dem »old-fashioned way« – den Reiferen unter uns persönlich bekannt, den Jungen aus Nostalgie-Revivals. Damals wurden den Kandidaten erstaunliche Leistungen abgerungen, und der Begriff des Bildungsfernsehens hatte noch eine Bedeutung jenseits von Dokumentationen und Nachrichten.

Die Lichtgestalt der eleganten Präsentation war unbestritten Hans-Joachim Kulenkampff, der seine Gäste nonchalant über die Bühne dirigierte, komplexe Fragen zu allen möglichen Wissensgebieten stellte und erstaunlich intelligente Antworten erhielt. »Einer wird gewinnen« hieß die Show und war als Kürzel EWG ein Synonym der Völkerverständigung innerhalb des Kontinents. So wurden zu Zeiten des Kalten Krieges Kandidaten aus dem »Ostblock« eingeladen und konnten beweisen, dass sie im Kopf beileibe nicht rückständig waren. Nach seiner großartigen Karriere zog sich Kulenkampff oft nach Frauenstein, den Geburtsort seiner Frau Gertraud, zurück. Hier findet man die letzte Ruhestätte des Showmasters, die seiner Persönlichkeit entspricht – schlicht und zurückhaltend. Gleich daneben steht ein Bankerl, um sich niederzulassen und ein wenig der alten Zeiten zu gedenken. »Kuli« war das ultimative Synonym für einen Gentleman vom Scheitel bis zur Sohle und Understatement der feinsten Sorte – so ein Mann braucht kein protziges Mausoleum, ihm reicht ein efeuumranktes, schlichtes Kreuz. Unvergesslich sind Kulenkampffs Abschlusssketche mit seinem Kammerdiener »Herrn Martin« Jente, die als Gustostückerln gepflegter und niveauvoller Unterhaltung in die Fernsehgeschichte eingegangen sind. Auch Jente ist längst in andere Sphären entschwunden, und man kann sich gut vorstellen, wie die beiden auf einem Wölkchen ihre Doppelconference weiterführen – feinsinnig, pointiert und nicht von oben herab.

Adresse 4654 Klaus an der Pyhrnbahn, Ortsfriedhof Frauenstein | **Anfahrt** von der A 9 bei Klaus abfahren und in Richtung Frauenstein bis zur Wallfahrtskirche | **Öffnungszeiten** Der Friedhof ist täglich geöffnet. | **Tipp** Die angrenzende Kirche beherbergt eine wunderschöne Marienstatue aus dem 15. Jahrhundert.

33__Der Stausee Klaus

Grand Canyon auf Oberösterreichisch

Auf der linken Talseite teilen sich Pyhrnpass-Straße und Eisen-
bahngleise den knappen Platz bis an die Flanken des Kremsmau-
er-Massivs. Gegenüber drückt die Autobahn den Ausläufern des
Sengsengebirges mit einer Reihe von Tunneln und Brücken ihren
Stempel auf. Nicht viel Raum für Prachtentfaltung, möchte man
meinen. Irrtum: Gerade an diesem »Flaschenhals« des Steyr-Flus-
ses präsentiert sich mit dem Stausee Klaus eines der ansehnlichsten
Naturwunder des Landes. Sieben Kilometer lang und bis zu 200 Meter breit ist das Gewässer, das bis an den Zusammenfluss von Teichl
und Steyr zurückreicht.

In den 1970er Jahren protestierten Umweltschützer gegen den
Plan, den Talboden hinter einer Staumauer verschwinden zu lassen.
Doch die große Flut hat ein neues Paradies erschaffen, das in allen
Tönen von Türkisblau bis Smaragdgrün schillert. Am Gasthaus See-
blick liegen umweltfreundliche Tret- und Elektroboote für Expeditionen in den »Grand Canyon« Oberösterreichs vor Anker. Bald tauchen aus den Tiefen des Sees steile Uferwände auf. In hartnäckiger
Wühlarbeit hat sich die Steyr in die Schotterschichten gegraben, die
die Eiszeit hinterließ und die nun die Flusswanderer mit pittoresken
Berg-See-Kontrasten begleiten. Schwäne und Enten ducken sich
unter den 20 bis 30 Meter hohen Klippen, die bunte Muster auf die
Wasseroberfläche werfen. Hoch oben breitet eine Föhre ihren Schirm
aus. Wendet man den Blick nach unten, sieht man kapitale Fische
über den Seegrund huschen.

Wie wäre es mit einem Sonnenbad in einer malerischen Bucht?
Und verlangt dort nicht ein Pfad in den Wald nach einer genaueren
Erkundung? Wer Karl May gelesen hat, fühlt sich hier wie ein Pio-
nier. Gesellig veranlagte Zeitgenossen mieten sich eine »schwimmende
Grillinsel« oder gar die für Dutzende Gäste konzipierte »schwimmende Almhütte«, um zu Schweinsbraten und Steckerlfisch ein ent-
spanntes See-Abenteuer zu erleben.

Adresse Gasthaus Seeblick am nördlichen Ende des Stausees, Pertlgraben 1, 4564 Klaus an der Pyhrnbahn, Tel. +43/(0)676/5690269, www.stauseeklaus.com | **Anfahrt** A 9 Ausfahrt Klaus oder Sankt Pankraz/Hinterstoder, B 138 Pyhrnpass-Straße nach Klaus über die Staumauer, das Ziel befindet sich rechts | **Öffnungszeiten** Bootsverleih Mai–Mitte Sept., zu Fuß ganzjährig, je nach Schneelage | **Tipp** Auch zu Fuß ist das Idyll eine Erkundung wert – der Fischersteig begleitet den See auf einer Länge von 18 Kilometern.

34__Der Fischkalter

Der kühle Weg ins Ich

Zahlenmystik war wohl der Hintergrund für das Entstehen des mächtigen Stifts Kremsmünster, denn Herzog Tassilo III. von Bayern ließ im Jahr 777 – der Sage nach zum Gedenken an den Unfalltod seines Sohnes – die Bauarbeiten beginnen. An den Gründer erinnert der Tassilokelch, ein goldgewirktes und mit Edelsteinen verziertes Trinkgefäß, das Ikone und zentrales Ausstellungsstück der Abtei ist.

Carlo Carlone und Jakob Prandtauer waren *die* barocken Baumeister schlechthin und bei der großzügigen Erweiterung des Stifts im 17. Jahrhundert federführend. Es entstanden Kaisersaal, Bibliothek, ausgedehnte Wirtschaftshöfe und ein Fischkalter, der für das leibliche Wohl der Benediktiner sorgte. Auf kunstvolle Weise verschmelzen hier Zweckbau und barocke Pracht, fünf Becken in vollendeter Harmonie werden gespeist von wasserspeienden Steinfiguren, die griechische Meeresgötter, biblische Helden und sogar den Apostel Petrus darstellen. Gesäumt werden die Bassins durch von toskanischen Arkaden überdachte Gänge, deren Wände kapitale Jagdtrophäen schmücken.

Um die Verbindung zur Natur nicht zu unterbrechen, ist der Kalter auf einer Seite als Pavillon angelegt und ergießt sich optisch in die Landschaft. Diente dieses Gesamtkunstwerk weiland der Versorgung der Klosterbrüder mit frischem Fisch, ist es heute in Zeiten der Rastlosigkeit ein Ruhepol besonderer Art: Jeder Besucher kann hier eintauchen in eine kühle, von sanftem Plätschern untermalte Welt und die Reise zu sich selbst antreten. Wie nahe Spiritualität und Wissenschaft beieinanderliegen, beweist die stiftseigene Sternwarte: Dieses aus dem 18. Jahrhundert stammende Observatorium hat weltweite Bedeutung und gilt gemeinhin als erstes »Hochhaus« der Erde; hier wird seit über 250 Jahren geguckt, gemessen, niedergeschrieben und jede Kleinigkeit des göttlichen Orbits registriert.

Adresse Stift 1, 4550 Kremsmünster, Tel. +43/(0)7583/52750, info@stift-kremsmuenster.at |
Anfahrt vom Autobahnknoten Voralpenkreuz bei der Abfahrt Sattledt auf die B 122
Richtung Kremsmünster, das Stift Kremsmünster ist weithin sichtbar | **Öffnungszeiten**
Mo – Fr 7 – 12 und 12.30 – 15.30 Uhr | **Tipp** Nehmen Sie eine Flasche des stiftseigenen
Magenbitters mit – er kann wahre Wunder wirken!

35 Das Barocktheater
Von Wolfgang Amadeus geadelt

»… sollen sie doch Kuchen essen!«, dieses befremdliche Zitat im Angesicht der nach Brot schreienden Menschen wird Marie Antoinette, der Frau König Ludwigs XVI., zugeschrieben. Die Tochter Maria Theresias war am Wiener Hof in einer feudalen Scheinwelt aufgewachsen, wo die Nöte des gemeinen Volkes ausgeblendet waren. Ein positiver Aspekt dieser tragischen Persönlichkeit war ihre Kunstsinnigkeit und Liebe zum Theater. Diese Passion führte sie in jungen Jahren zu einem Kleinod der oberösterreichischen Baukunst, dem Barocktheater im Stift Lambach.

Das Benediktinerstift wurde vor rund tausend Jahren gegründet und im Laufe der Zeit durch verschiedene Zu- und Umbauten eines der imposantesten Gebäude des Landes. Es beherbergt die ältesten romanischen Fresken Österreichs, eine exquisite Bibliothek und ein Musikarchiv mit besonderer Adelung: Vater und Sohn Mozart waren langjährige Freunde des Abtes Amandus – der junge Wolfgang Amadeus widmete ihm die »Lambacher Symphonie«, deren Original-Partitur in den ehrwürdigen Hallen des Stiftes aufbewahrt wird. Dieser kunstaffine Mönch ließ auch das benediktinische Theater im barocken Stil wiederaufbauen und durch Opern des Mitbruders Maurus Lindemayr bespielen. Der Saal besticht durch eine gelungene Symbiose von Funktionalität und barocker Pracht mit der kleinen Bühne inmitten zweier mächtiger Balkone. Nach gründlicher Renovierung wurde das Theater 1983 wieder in Betrieb genommen und bietet jährlich mehrere Produktionen an. Die Intendanz bemüht sich, den weiten Bogen zwischen historischen Wurzeln und aktuellem Geschehen zu spannen: Auf dem Spielplan stehen Klassiker von Molière, Nestroy und Ibsen ebenso wie moderne Stücke zeitgenössischer Dramatiker.

Wenn die Lichter ausgehen und der Vorhang sich hebt, kann der Zuschauer erahnen, wie Marie Antoinette hier ihrer Theaterleidenschaft frönte – bevor sie unglücklicherweise den Kopf verlor!

DOMVMISTAM

BENEDICDOMINE

BEATAESTSERVITVS

SERVIRESVPERIS

Adresse Klosterplatz 1, 4650 Lambach, Kartenreservierungen unter
Tel. +43/(0)699/11436951, www.barocktheaterlambach.at | **Anfahrt** B 1 nach
Lambach, das Stift ist der Mittelpunkt des Ortes | **Öffnungszeiten** richten sich
nach den Vorstellungen | **Tipp** Sollte Sie das Bedürfnis nach Spiritualität packen,
können Sie gleich losmarschieren – Lambach ist eine Station des Jakobswegs.

36__Das Riesenmuseum

Erinnerungsstätte für den allergrößten Europäer

Im Alter von 14 Jahren zog sich Franz Winkelmeier eine ungeklärte Erkrankung zu. Bald darauf schoss der Bursche aus Lengau in die Höhe und sprengte alle Kleider! Mit 21 maß er 2,58 Meter – was ihn zum größten Europäer macht, der je gelebt hat. Wie mag es gewesen sein, als die Lengauer, die Linzer und die Schaulustigen in Europas Metropolen den Hünen zu Gesicht bekamen? Wie mag er sich in der Rolle des Begafften gefühlt haben? Diesem Thema nähert sich das neue Riesenmuseum im Heimatort Winkelmeiers an – und vermittelt dabei eine Botschaft der Toleranz.

Die Eintrittskosten spart man, wenn man ohne Hilfsmittel die Dachrinne hoch über dem Museumseingang berührt. Was Winkelmeier als Ablage für seinen Hausschlüssel nutzte, ist für Normalwüchsige unerreichbar. Solche cleveren Ideen veranschaulichen die Größenunterschiede ebenso wie Fotos und Plakate. Als »Riese von Lengau« wurde Winkelmeier (1860–1887) zu einer Berühmtheit. Für bäuerliche Arbeit ungeeignet, bestritt er seinen Lebensunterhalt, indem er sich zur Schau stellte. Bis zu 50 Gulden brachte ihm das an guten Tagen ein – so viel verdiente ein Knecht im Jahr. Enormes Aufsehen erregte er 1887 zum 50-jährigen Thronjubiläum von Königin Victoria in London; von der 1,52 Meter großen Monarchin stammt die goldene Taschenuhr, die neben Schuhleisten in Größe 59 und vielen weiteren Objekten aus Winkelmeiers Besitz zu sehen ist.

Die Briefe des Riesen zeugen von Heimweh und einer innigen Beziehung zu seiner Mutter. In Zeitzeugenberichten wird er als humorvoll beschrieben. Auf vielfältige Weise vermittelt die Erinnerungsstätte Respekt für das Anderssein, so auch durch einen Zerrspiegel, in dem sich der Betrachter selbst in unförmiger Gestalt wiedererkennt. Winkelmeier starb im Alter von 27 Jahren. Am schmiedeeisernen Kreuz des bis heute gepflegten Grabes am Lengauer Friedhof steht der Zusatz »gew Riese«, also gewesener Riese.

BRAUKUNST IN HÖCHSTER VOLLENDUNG

Riesen BIER

SONDERABFÜLLUNG

3 l Franz Winkelmeier, Riese v. Lengau (1860–1887), mit 2,58 m zu seiner Zeit der weltweit größte Mensch und heute noch der größte EU-Bürger, der jemals lebte.

SEIT 1860

Adresse Lengauer Hauptstraße 22, 5211 Lengau, Tel. +43/(0)664/5978310, www.riesevonlengau.at | **Anfahrt** B 147, Bahnhofstraße (von Süden) oder Teichstätterstraße (von Norden) bis Lengauer Hauptstraße nehmen | **Öffnungszeiten** So 14–16 Uhr sowie nach telefonischer Vereinbarung | **Tipp** Besichtigen Sie die Filialkirche im sieben Kilometer südwestlich gelegenen Weiler Gebertsham am Ufer des Mattsees – der spätgotische Flügelaltar (um 1515) ist ein kulturhistorisches Juwel.

37_ Der Turm 9

Eine runde Geschichte

Festungsbauten waren jahrhundertelang das Nonplusultra der militärischen Strategie, dicke Mauern und noch dickere Kanonen sollten Feinde davon abhalten, zu weit in fremdes Gebiet vorzudringen. Nach den Napoleonischen Kriegen hatten die Habsburger eine Heidenangst vor einer weiteren Niederlage und planten ein ausgeklügeltes Wehrturmsystem im ganzen Reich. Ironie des Schicksals, dass kein zweiter Napoleon auftauchte und die Verteidigungslinie umsonst aus dem Boden gestampft worden war. Doch als Zeugen dieser Kriegsparanoia sind einige Rundtürme stehen geblieben und dienen heute zivilen Zwecken – als schicke Wohnungen, Lokale oder wie der Turm 9 als Museum. Er bietet von außen einen Panoramablick auf Linz und Leonding und innerhalb der Mauern ein Kaleidoskop von der Frühgeschichte bis zur Gegenwart. Es gibt steingewordene Reste von Haien und Nashörnern aus der Urzeit, keltische und bajuwarische Gräber samt Opfergaben und eine virtuelle Reise in die ehemaligen Lagerfestungen der Stadt. »Apollonia« hieß der Turm 9 ursprünglich, fand als Depot Verwendung beim bosnischen Okkupationskrieg 1878 und diente während des Zweiten Weltkrieges als Luftabwehrstellung.

Rund um das Gebäude verwandelte sich Leonding vom Dorf zu einem schmucken Städtchen – dieser Entwicklung und Veränderung bäuerlicher Strukturen hin zu moderner Urbanität widmet sich eine eigene Ausstellung im runden Museum.

Als positiver Effekt einer militärischen Gigantomanie und des Baus der Festungsanlage mag gelten, dass zigtausende Handwerker und Arbeiter aus ganz Europa für Jahre in Oberösterreich lebten. Diese kulturelle Blutauffrischung war ein Segen für das Land, denn die italienische Lebensart der Steinmetze oder Küchengeheimnisse böhmischer Maurer brachten Schwung und Elan, sodass man guten Gewissens vom ersten Großprojekt einer Europäischen Union sprechen kann!

Adresse Daffingerstraße 55, 4060 Leonding, Tel.+43/(0)732/674746, stadtmuseum@leonding.at | **ÖPNV** Mit der Buslinie 19 kommen Sie vom Linzer Hauptbahnhof direkt vor die Haustür. | **Öffnungszeiten** Do−Sa 13−18 Uhr und nach Voranmeldung | **Tipp** Der »Stadtwanderweg« in Leonding beginnt am Hauptplatz und führt an alle interessanten Plätze dieses Ortes.

38 __ Das Ars Electronica Center

Schule der Zukunft: In Linz beginnt's!

Das Wohnhaus aus dem 3-D-Drucker, das maßgezüchtete Ersatzorgan aus dem Reagenzglas und moderne Frankensteins, die Robotern menschenähnliche Intelligenz einpflanzen: Mit Lichtgeschwindigkeit prasseln die Meldungen über bahnbrechende Technologien auf die Menschheit ein. Gemeinsam ist ihnen, dass die sinnstiftenden Erklärungen dazu stets nachhinken und ein Beipackzettel über unerwünschte Nebenwirkungen meistens fehlt. Höchste Zeit also für einen Besuch im Ars Electronica Center!

Smarte Kids, die Bits und Bytes sowie das Wischen und Surfen quasi mit der Muttermilch aufgesogen haben, sind an dieser »Schule der Zukunft« goldrichtig, ebenso wie technikfernere Zeitgenossen. Mit interaktiven Elementen, Vorführungen und dem ein oder anderen Selbstversuch schlagen die AEC-Macher eine Brücke zwischen dem Heute und dem Morgen. Vier Labore bieten einen Rahmen für angeleitete Experimente. Etwa am 3-D-Drucker – wer einmal verstanden hat, wie eine Meister-Yoda-Figur entsteht, der kann sich die Technologie auch im XXL-Maßstab vorstellen. Etwas unheimlich, wenn auch hoffentlich nicht zukunftsweisend, verläuft die Kontaktaufnahme mit »Paro«, einem Roboter im Babyrobben-Look, der etwa in Japan bei der Therapie von Demenzpatienten zum Einsatz kommt. Großen Raum nimmt im AEC die künstlerisch-kritische Auseinandersetzung mit der Welt von morgen ein, wie sie auch am Beginn des renommierten Ars Electronica Festivals stand. Die Hochglanz-Seiten des Fortschritts zelebriert der »Deep Space 8K«, wo Bilderwelten in enorm detailreicher Auflösung wiedergegeben werden. Dieses »Kino von übermorgen« lässt im Staub versunkene Orte zu neuem Leben erwachen, zoomt aus jedem Winkel der Bucht von Rio gestochen scharfe Bilder heran und schickt den Betrachter in ein Sonnensturm-Inferno. Atemberaubend! Im Fall des AEC ist das oft strapazierte »In Linz beginnt's!« tatsächlich nicht zu weit hergeholt.

Adresse Ars-Electronica-Straße 1, 4040 Linz, Tel. +43/(0)732/72720, www.aec.at |
ÖPNV Linie 1, 2 oder 3, Haltestelle Rudolfstraße | **Öffnungszeiten** Di, Mi, Fr 9–17 Uhr,
Do 9–21 Uhr, Sa, So und feiertags 10–18 Uhr | **Tipp** Noch mehr moderne Kunst
erwünscht? Wechseln Sie das Donauufer und peilen Sie das Lentos Kunstmuseum an!

39___Das Cowboy-Museum Fatsy

Westwärts, Ho!

Wo die City of Linz in die Prärie ausfranst und der oberösterreichische Mississippi, bekannt auch als Donau, nicht mehr weit ist, hat sich ein Stück Wilder Westen erhalten, wie er selbst die Amerikaner neidisch machen würde. Im »Cowboy-Museum Fatsy« hat sich Gründer Hans-Jörg »Fatsy« Ratzenböck, verstorben im Februar 2016, einen Lebenstraum verwirklicht. 1991 öffnete das einzige Cowboy-Museum Europas seine Pforten. Breitkrempige Hüte und hohe Stiefel, Hufeisen und Schießeisen, prächtige Sättel und noch prächtigere Sporen sind zu sehen. Zwischen Rancherzimmer, Sheriff-Büro und Saloon-Theke wird der Wilde Westen wieder lebendig.

Ratzenböcks Faible für den »American way of Life« wuchs im Österreich der Nachkriegszeit, als mit den GIs eine ganz neue Kultur nach Europa schwappte. Den Rock'n'Roll ließ er in einer Band hochleben; in den 1980er Jahren organisierte er Harley Davidson-Treffen, begab sich schließlich in die USA auf Spurensuche und kehrte mit einer ersten Satteltasche voller Devotionalien aus der Ära der Wildwest-Pioniere zurück nach Linz.

Vielen Exponaten wohnt eine tiefere Bedeutung inne. Etwa der Mustersammlung historischer Stacheldrahtsorten: Die Zäune setzten Ende des 19. Jahrhunderts der freien Prärie ein Ende, die »Farmhands« lösten den klassischen Cowboy ab. Der, so erfährt man, genoss ohnehin nicht viel mehr Rechte als anno dazumal ein Mühlviertler Knecht.

Nunmehr führt Ilse Ratzenböck das Lebenswerk ihres Mannes fort und Besucher von nah und fern durch das »Little America« in einem 450 Jahre alten Mühlviertler Bauernhaus. Bald ist man ganz in die Welt von Cowboys, Pionieren und Indianern eingetaucht. Im Hintergrund ertönt Countrymusik. John Wayne und Randolph Scott blicken markig von Filmplakaten. Im Hof steht ein alter Chuck Waggon. Einfach Gäule vorspannen und westwärts, Ho!

Adresse Traundorfer Straße 266, 4030 Linz / Pichling, Tel. +43/(0)732/791855 | **ÖPNV**
Bahnstation Linz-Pichling, zehn Minuten Richtung Norden auf der Traundorfer Straße,
ab Schwaigaustraße ausgeschildert | **Anfahrt** via Umfahrungsstraße Ebelsberg und B 1 bis
Pichlinger Straße, über Pichlinger Straße, Schwaigaustraße und Traundorfer Straße zum Ziel |
Öffnungszeiten Mitte Mai – Ende Juli, Sa, So jeweils 13 – 18 Uhr; Gruppen nach Voran-
meldung | **Tipp** Besuchen Sie den Pichlinger See – eine Naherholungs-Oase südlich der
Bahntrasse. Falls kein Badewetter: Der 3,5 Kilometer lange Rundweg vereint Muße mit Natur.

40__Das Elefantenhaus

Gast aus ferner Welt

In Zeiten von Tierschutz und artgerechter Haltung verschwindet die Spezies der grauen Dickhäuter mehr und mehr aus dem Gesichtskreis der Europäer. Die Physiognomie eines Elefanten ist jedem Volksschüler präsent – zu Beginn der Neuzeit war das eine ganz andere Geschichte: Kaiser Maximilian II. von Österreich wurde mit der spanischen Infantin Maria verheiratet und kehrte 1551 in einem prächtigen Hochzeitszug nach Wien zurück. Seine Majestät hatte ein besonderes Geschenk des Königs von Spanien im Reisegepäck: Ein indischer Elefant wurde samt kaiserlicher Entourage nach Genua verschifft und auf einer sage und schreibe zwei Jahre langen Fußreise durch Italien und die Kronstaaten nach Wien gebracht. Seine Begleitung bestand aus Gauklern, Tänzern, Hofzwergen und zwei ausgesucht großen, langbärtigen Wärtern. Benannt nach dem türkischen Sultan machte »Soliman« am Linzer Hauptplatz im Haus des Bürgermeisters Station und wurde über Monate zur absoluten Sensation für die Bewohner der Stadt. Menschentrauben begleiteten den Elefanten auf seinen Rundgängen, und die Berührung mit dem exotischen Tier glich einem Erweckungserlebnis! Als der Tross in die Residenzstadt weiterzog, setzte man dem entschwundenen Gast und seinen muskulösen Führern ein Denkmal – auf dem Relief allerdings ist Soliman auf putzige Ferkelgröße minimiert.

Leider war ihm in Wien kein langes Leben beschert, doch einige Knochen sind bis heute erhalten geblieben und im Stift Kremsmünster als kunstvoll verzierter Elefantenstuhl zu bewundern. Es wird gemunkelt, dass neue Gentechnologie sogar das Nachzüchten von Mammuts möglich machen kann. Entgegen vieler Bedenken wäre diese Neuheit der Forschung eine Sensation für die Menschen von morgen; dann könnte man dem staunenden Publikum allerorten ein völlig neues Tier im persönlichen Kontakt präsentieren – ganz ohne Computer und Spielkonsole, hautnah und echt.

Adresse Hauptplatz 21, 4020 Linz | **Anfahrt** Der Hauptplatz wird von allen Straßenbahn-linien angefahren. | **Öffnungszeiten** Das Relief an der Fassade ist jederzeit zu besichtigen. | **Tipp** Am Hauptplatz 16 finden Sie das Teehaus Chay und können die Heimat des Dick-häuters erschmecken.

41___Das forum metall

Ein schweres Bröckerl

Jahrzehntelang war »die Stahlstadt« das Synonym für Linz: Neben vielen Arbeitsplätzen und Prosperität für das gesamte Bundesland war das Image einer lärmenden Industriemetropole nicht das Gelbe vom Ei. Daher wurde ein umfangreiches Programm entwickelt, das Stück für Stück die Wende zu einem Platz voller Leben und Kultur ermöglichte, der heute von Managern und Kunstfans aus aller Welt besucht wird. Man findet Brucknerhaus, Lentos-Museum und Ars Electronica Center als wuchtige Statements moderner Architektur zu beiden Seiten der Donau.

Am »Lände« genannten Donauufer wurde 1977, initiiert vom Skulpteur Helmuth Gsöllpointner, damit begonnen, einen Park für Metallarbeiten zu schaffen, die als Verbindungsglieder zwischen industrieller Tradition und kultureller Moderne dienen. Werke von Eduardo Paolozzi, Herbert Bayer und Erwin Reiter repräsentieren die Crème de la Crème der Bildhauerkunst und sind als Dauerleihgaben aufgestellt. Von den Künstlern konzipiert und in österreichischen Betrieben hergestellt, verschmelzen kreativer Antrieb und handwerkliche Ausführung zu einem fließenden, geschmeidigen Ensemble.

Das »schwerste« Kunstwerk ist ohne Frage die Stahlplastik »Hommage à Anton Bruckner«, geschaffen vom Spanier Amadeo Gabino: Das »Bröckerl« wiegt ganze 18 Tonnen und wurde eigens von Lastkränen an seinen Bestimmungsort transportiert. Dem großen Komponisten wird alljährlich bei der »Linzer Klangwolke« gehuldigt und seine Musik mittels Lichtinstallationen inszeniert – die Metallarbeiten sind ein wunderbarer Rahmen für diese Tonwucht. Die Donau als Fährweg hat den Status und Reichtum der Stadt entscheidend geprägt und wird daher bewusst in den Mittelpunkt eines Ensembles der Kunst gesetzt.

Kleiner Tipp: Machen Sie eine Flussrundfahrt und schauen Sie sich Gebäude und Skulpturen vom Wasser aus an – hier fügen sich Bauten und Natur zu einem Ganzen zusammen.

Adresse zu besichtigen im Donaupark an der Donaulände in 4020 Linz, www.linz.at, info@mag.linz.at | **Anfahrt** vom Hauptplatz (wird von allen Straßenbahnlinien angefahren) zur Donau gehen, das forum metall liegt auf Höhe des Brucknerhauses | **Öffnungszeiten** Der Park ist ganzjährig geöffnet. | **Tipp** Im »Steakhouse Linz« an der Unteren Donaulände 12 gibt es Fleisch satt – für jeden noch so großen Hunger.

42___Der Gänseliesel-Brunnen
Stress-Stopp sofort!

Im industriellen Linz hatte der Zweite Weltkrieg große Schäden hinterlassen und dazu geführt, dass der Bauernmarkt vom Hessenplatz auf das Gelände des ehemaligen Südbahnhofs verlegt wurde. Einer der wenigen Glücksfälle einer harten Zeit, denn hier im Stadtteil Lustenau blüht heute eine Oase des Genusses und der Geselligkeit. Wo im 19. Jahrhundert Reisende aus der Pferdeeisenbahn stiegen, flanieren nun Besucher vorbei an Marktständen und kehren in Gaststätten ein – dreimal die Woche gibt es zusätzlich taufrische Ware aus allen Regionen Oberösterreichs. Von morgens bis abends herrscht ein reges Treiben in diesem Karree, das wirklich keine Wünsche offenlässt: Von frischem Gemüse über Brot aus dem Backofen, Fleisch von glücklichen Tieren, Fisch aus heimischen Gewässern bis hin zu Wein, Most und duftenden Gewürzen – hier gibt es alles, was man für ein gelungenes Essen braucht!

Wen die Kochfaulheit packt, der muss weder verhungern noch verdursten: Am Südbahnhofmarkt werden Fisch, Würstl und frische Burger ebenso feilgeboten wie Wok-Gerichte oder Cremeschnitten für Naschkatzen … wem ein Hosenknopf abspringt, dem steht sogar eine Änderungsschneiderei zur Verfügung. Also besser Maß halten und das Wahrzeichen des Marktes näher betrachten – den modernistischen »Gänseliesel-Brunnen«. Die Steinfigur in der Mitte trägt zwei Gänse unter den Armen und besticht durch klare Linien und Schnörkellosigkeit. Der Künstler muss wohl ein Gender-Visionär gewesen sein, denn ob Manderl oder Weiberl ist hier nicht genau zu erkennen!

Das ganze Jahr über bietet der Markt alle Facetten des Geschmacks, doch besonders im Sommer legt sich ein eigener Flair über die Standln. Im Schatten der Bäume einzukaufen und sich danach mit einer Jause an den Rand des Brunnens zu setzen führt zu sofortigem Stress-Stopp – wer sich hier nicht entspannt, dem ist nicht zu helfen!

Adresse Marktplatz, 4020 Linz | **Anfahrt** von der A 7 die Abfahrt Prinz-Eugen-Straße nehmen und die Goethestraße und Franckstraße bis zum Markt weiterfahren | **Öffnungs-zeiten** Der Südbahnhofmarkt ist wochentags 6–18 Uhr und Sa 6–13 Uhr geöffnet, zu diesen Zeiten empfiehlt sich der Besuch des Brunnens besonders. | **Tipp** Das Design Center Linz am nahen Europaplatz 1 ist sehenswerte urbane Architektur.

43__Das Gelbe Krokodil
Salat für Schnappi

»Kulturquartier« ist der Oberbegriff für ein umtriebiges Karree im Herzen von Linz. Wer von der Landstraße in den Ursulinenhof abbiegt, betritt ein Füllhorn kultureller Vielfalt: Hier gibt es Galerien, Konzerte, Kindertheater, den »Höhenrausch« und das Programmkino »Moviemento«.

Tür an Tür zu diesem Cineasten-Treff betritt man eine Ikone moderner Linzer Gastlichkeit: Das Gelbe Krokodil. Als Treffpunkt der Künstler- und Studentenszene verströmt dieses Restaurant einen eigenen Charme, es verfügt über eine internationale Servicebrigade, die Einrichtung ist bunt zusammengewürfelt. Der Laden strahlt entspannte urbane Geselligkeit aus: eine Oase wie in Ägypten, samt großmäuligem Namensgeber, der hier breit grinsen würde. Mit einer kleinen Ausnahme – denn als ausgewiesener Fleischfresser wird er eher auf Sparflamme bekocht. Die Speisekarte ist eine Reise ins vegetarische und vegane Paradies, lockt mit hausgemachten Nudeln, fein abgeschmeckten asiatischen Suppen, Gemüse und Salat in allen Variationen und zu guter Letzt einer kleinen, aber feinen Auswahl an Fleisch und Fisch. Schnappi würde eine ganz kleine Krokodilsträne vergießen und herzhaft in zarten Radicchio, knackige Kirschtomaten und knusprige Frühlingsrollen beißen – was ein modernes Reptil ist, passt seine Essgewohnheiten an und verschmäht Wasserbüffelsteak!

Jeden Sonntagvormittag werden Seh- und Magennerven in Stimmung gebracht, es warten kulinarische Filme und ein üppiges Frühstücksbuffet. Wer einen Abend jenseits unserer Galaxie verbringen möchte, dem sei ein Besuch in der »Solaris Bar« empfohlen. Der Name ist eine Hommage an den wunderbaren Film von Andrei Tarkowski, und das Interieur des Lokals erinnert an die Raumstation gleichen Namens. Der Unterschied besteht darin, dass Barfreunden nicht ihre Doppelgänger erscheinen … es sei denn, sie haben sich zu viele der hervorragenden Cocktails genehmigt.

Adresse Dametzstraße 30, 4020 Linz, Tel. +43/(0)732/784182, www.krokodil.at | **ÖPNV** in der Landstraße (wird von allen Straßenbahnlinien angefahren) an der Station Mozart-kreuzung aussteigen und in Richtung Hauptplatz gehen, der Ursulinenhof liegt rechter Hand | **Öffnungszeiten** täglich bis 1 Uhr früh | **Tipp** Im angrenzenden Ursulinenhof gibt es die Schaugalerie der Stadt Linz zu bewundern – hier kann man sogar Bilder leihen!

44__Die Hafengalerie

Sprayer aller Länder, verewigt euch!

An Graffitis scheiden sich die Geister. Nehmen die einen die Schriftzüge, Logos und Bilder im öffentlichen Raum als Ärgernis wahr – umso mehr, wenn sie »wild« angebracht wurden –, so haben es die legal sprühenden Street-Art-Künstler mittlerweile zu großer Beachtung gebracht. Auch im Linzer Hafen, wo der Kulturverein »Mural Harbor« mit Unterstützung der Hausherren LINZ AG gerade eine spektakuläre Outdoor-Galerie verwirklicht.

Den Auftakt zur großen Sprayer-Party machte der katalanische Street-Artist-Star Aryz mit einem 30 mal 15 Meter großen Doppelporträt auf einem Speicher im Hafenbecken 2. Eine der beiden Figuren blickt etwas skeptisch über die Schulter zurück – so als wäre sich Aryz noch nicht ganz sicher gewesen, ob aus dem ehrgeizigen Kunstprojekt tatsächlich etwas wird. Doch die Hafengalerie gedeiht seit drei Jahren, und sie gewinnt dem grauen, wenig besuchten Industrie-Areal ganz neue Facetten ab. Manches ist in comicartigem Stil gehalten, anderswo dominiert das Ornamentale. ROA aus Belgien verewigte sich, seinem Faible für schräge Tiermotive treu bleibend, mit einem in der Mitte säuberlich sezierten Paarhufer und einem zerzausten Vogelvieh. Stohead aus Deutschland verpasste einem Speicher eine kalligrafische Fassade, die LORDS Crew erinnert mit einem kunterbunten, verschlungenen Zug an die Tradition des Train-Writings.

Neben internationalen Kalibern der Street-Art-Szene haben auch heimische Graffiti-Helden zu Spraydose und Pinsel gegriffen. 50 Werke von Künstlern aus 20 Nationen sind in dem urbanen Kunstraum der etwas anderen Art zu bewundern. Offiziell eröffnet wurde im Herbst 2015, Neues kommt laufend hinzu. Vom Hochwasserdamm an der Donau hat man einen Überblick. Vertiefende Infos zum Street-Art-Œuvre erhält man in der warmen Jahreszeit auf Hafenrundfahrten und Führungen von »Mural Harbor« – ein Crashkurs in Sachen Graffiti inklusive!

Adresse Handelshafen, Industriezeile, 4020 Linz, www.muralharbor.at | **ÖPNV** Bus 27, Haltestelle Eisenhof, dann ein Stück zurück und beim VOEST-Schild rechts, ans Ende der Straße gehen, dann wieder nach rechts zum Damm | **Öffnungszeiten** ganzjährig frei zu besichtigen; das Hafengelände ist Privatgelände, deshalb auf eigene Faust nur von gegenüber, Termine für Führungen und Rundfahrten siehe oben | **Tipp** Auch im Posthof nebenan blüht die Kunst – das legendäre Veranstaltungszentrum ist immer einen Besuch wert (Posthofstraße 43, www.posthof.at).

45_Die Heilige Pforte
Das Wort wird zur Form

2016 ist ein »Heiliges Jahr«, Papst Franziskus hat es der Barmherzigkeit gewidmet. Weltweit wurden als äußeres Zeichen Heilige Pforten errichtet, die Menschen durchschreiten, welche Erlösung von ihren Sünden und spirituelle Erleuchtung erfahren wollen. Der Linzer Mariendom beherbergt eine ganz besondere Spielart dieses temporären Einlasses: Der Künstler Josef Pfeiffer hat mit seiner Arbeitsgemeinschaft »KunstVomRand« ein übermannshohes Tor nahe des Hauptportals aus Dutzenden von ausrangierten »Gottesloben« geschaffen. Hierfür wurden die Liederbücher in Scheiben geschnitten, mit Harz hart gemacht und durch Holzelemente stabilisiert. Im Dom füllen Bücher einen hellen Rahmen aus Ahorn, Buchenregale deuten an Seiten und Decke die Balken des Kreuzes an. Optisch ergibt sich eine faszinierende Oberfläche von gepressten Seiten und Einbänden, durch tausende Hände gegangen und Gesangsvorlage ebenso vieler Messen.

Die Grundidee kam Pfeiffer, als er hörte, dass alte Gesangsbücher ausrangiert werden sollten: »Ich habe 700.000 Stück gerettet und zusammen mit benachteiligten Menschen das Projekt ›Möbel aus Büchern‹ gestartet.« Es geht um die Verbindung von außergewöhnlichem Design, sinnvoller Tätigkeit für Menschen am Rande der Gesellschaft und nachhaltiger Nutzung eines wertvollen Rohstoffes. Dieser zündende Funke brachte Pfeiffer 2013 den »Europäischen Redesign Award« ein und führte ihn 2016 in Richtung Himmel – so fügt sich zusammen, was zusammengehört, Papier wird Skulptur und das Wort zur Form.

Wer nach dem »Heiligen Jahr« den Mariendom besucht, kann sich zwar die Pforte nicht mehr anschauen, doch das Werk ist nicht verloren: »In irgendeiner Form wird das Tor im Dom integriert bleiben … eine reizvolle Aufgabe für mich, die Pforte neu zu interpretieren, und für den Besucher, die Teile zu finden und im Kontext zusammenzusetzen«, so Pfeiffer.

Adresse Neuer Linzer Dom, Herrenstraße 26, 4020 Linz; Info Heilige Pforte: www.kunstvomrand.at | **ÖPNV** von der Landstraße (wird von allen Straßenbahnlinien angefahren) in die Bischofstraße gehen, der Dom ist nicht zu übersehen | **Öffnungszeiten** täglich 8–19 Uhr | **Tipp** Im »Non Solo Vino« in der Bischofstraße 15 gibt es – nomen est omen – herrliche hausgemachte Nudelgerichte!

46__Der Höhenrausch

Betörender Spaziergang ohne Katerfeeling

Vor einigen Jahren ersonnen Tourismusstrategen die Baumkronen-wege, um reizüberfluteten Menschen einen gleichermaßen vernach-lässigten wie spektakulären Naturraum näherzubringen. Für ihr Kul-turhauptstadt-Jahr 2009 übertrugen die Linzer Kulturmacher das Konzept auf die Straßenschluchten der Stadt – und landeten damit einen genialen Wurf! Wo in der Natur die Wipfel wuchern, wu-chern beim Höhenrausch Türme, Dächer und die futuristische Stahl-konstruktion des »voestalpine open space« in den Himmel. Und statt auf Hängeseilbrücken arbeitet man sich auf luftigen Holzstegen und Treppen voran.

Jahr für Jahr wird der Höhenrausch mit einem neuen Thema be-spielt. 2015 hallte das Oberösterreichische Kulturquartier vom be-törenden Geplapper einer Graupapageien-Kolonie wider. Von den Vögeln, die auch in Videos und Ausstellungen zu Ehren kamen, über-nahmen 2016 Engel die Lufthoheit über Linz. Kunstvolle Überra-schungspakete verleihen dem Ensemble das Sahnehäubchen, doch als Besucher lassen sich einfach auch die Perspektiven genießen, die der Klettersteig zur warmen Jahreszeit bietet. Wundersame Details, die auch urbanen Alles-Checkern verborgen bleiben, präsentieren sich auf Augenhöhe. Das Ziffernblatt einer Kirchturmuhr, die Flechten, die ein steiles Kirchendach besiedeln, und was auf den Flachdächern erst so alles blüht! Und wo sonst kann man in einen barocken Turm einfach hineinspazieren? Die Glocken der Ursulinenkirche wurden im Ersten Weltkrieg eingeschmolzen, heute gibt eine Kuckucksuhr den Ton an.

Unter den himmlischen Spielplätzen sticht ein Kettenkarussell hervor. Nach einer Stärkung in einer hoch gelegenen Gastro-Sta-tion geht's auf zur Königsetappe: dem »Keine-Sorgen-Turm«! Noch 30 Meter, dann liegen einem – gut 55 Meter über Straßenniveau – die verborgenen Innenhöfe und die Dachterrassen der Stadt ebenso zu Füßen wie die Hügelmeere des Mühlviertels. Schwindelfrei soll-te man halt sein!

Adresse im OÖ Kulturquartier, OK Platz 1, 4020 Linz, Tel. +43/(0)732/7841780, www.hoehenrausch.at | **ÖPNV** Straßenbahn-Linien 1, 2, 3 bis Mozartkreuzung oder Taubenmarkt, der Landstraße zur Ursulinenkirche folgen | **Öffnungszeiten** circa Mitte Mai–Mitte Okt., täglich 10–20.30 Uhr | **Tipp** Eine andere Art von Vogelperspektive erleben Sie im Alten Rathaus am Hauptplatz, fünf Gehminuten entfernt. Den Boden des Foyers bedeckt eine gigantische Luftaufnahme des Stadtgebietes!

47_Der Leberkas-Pepi
Kraftstoff für Magen und Seele

Große Innovationen entstehen meist in den Metropolen, urbaner Geist wird dann der Provinz »injiziert«, und nichts ahnende Landmenschen werden »erleuchtet«. Den umgekehrten Weg ging eine Institution des oberösterreichischen Genusses – der legendäre »Leberkas-Pepi« streckte seine fleischigen Finger in die Bundeshauptstadt aus, um mit einzigartigen Kreationen dieses Klassikers die Herzen der Wiener im Sturm zu erobern.

In Linz hat die Einkehr beim Pepi jahrzehntealte Tradition, zu Stoßzeiten stehen Hungrige Schlange, um eine Portion der heißen Ware zu ergattern. Das Design des Lokals in der Altstadt ist mit Fug und Recht als urig zu bezeichnen, hier wird der Gast nicht durch überflüssigen Schnickschnack am Essen gehindert – und das hat es in sich! Wessen Leberkäse-Horizont bei zwei Sorten endet, dem wird das Tor zu einer neuen Dimension aufgestoßen – Knoblauch, Spinat, Röstzwiebeln und sogar Champignons verleihen der enormen Palette von »Leberkäse-Ziegeln« einen besonderen Touch, alles wird frisch aufgeschnitten, und die Portionen sind nicht zu knapp. An der Côte d'Azur werden Fischlokale trotz schlichter Aufmachung einzig für die Zubereitung ihrer Bouillabaisse mit einem Michelin-Stern geadelt … es wird höchste Zeit, Pepis zartem Brät gleiches Recht angedeihen zu lassen!

Wem der Weg nach Linz oder Wien zu weit ist, dem sei ein besonderer Service anempfohlen: Leberkäse auf Rädern! Aus und vorbei mit langweiligen Kaviar-Blinis, gratinierten Austern und ausgelösten Hummern, die Zukunft gehört dem geerdeten Catering aus der Rathausgasse. Ein feuerroter Oldtimer mit aufklappbaren Seitenteilen, die Vitrinen voller Köstlichkeiten offenbaren, ist die Attraktion auf jedem Fest. Ob als Unterlage für eine Nacht praller Vergnügungen oder Ausklang einer sogenannten »schweren Partie« – Leberkäse auf vier Rädern sorgt für entspannte Magennerven und robuste Kondition.

Adresse Rathausgasse 3, 4020 Linz, Tel. +43/(0)732/796868, www.leberkaspepi.at, pepi@leberkaspepi.at | **ÖPNV** vom Hauptplatz (wird von allen Straßenbahnlinien angefahren) direkt in die Rathausgasse gehen | **Öffnungszeiten** täglich 8–4 Uhr | **Tipp** Das Stifterhaus am Adalbert-Stifter-Platz 1 sorgt nach dem leiblichen für das geistige Wohl.

48 Die Linzer Torte

Liebe auf den ersten Biss

Österreich ist berühmt für seine süßen Sachen – ob Salzburger Nockerln, Sachertorte, Apfelstrudel oder Kaiserschmarrn, bei all diesen Köstlichkeiten schnalzt ein Mehlspeistiger mit der Zunge. Kaum einer weiß jedoch, dass die älteste Torte der Welt ebenfalls aus Österreich stammt. Doch nicht die Residenzstädte Wien und Salzburg sind ihre Geburtsstätte, sondern die beschauliche Donaustadt Linz des 17. Jahrhunderts. Wer das Backwerk erfunden hat, bleibt im Dunkel der Zeit verschollen, doch in einem 350 Jahre alten Kochbuch konnte man bereits vier verschiedene Rezepte der Linzer Torte nachbacken. Es gibt mittlerweile unzählige Varianten der Zubereitung, doch die Hauptingredienzien sind gleich geblieben: Butter, Mandeln, Zucker, Mehl und feine Gewürze bilden den Teig, die Fülle besteht aus köstlicher Marmelade, und als »Krone« wird ein Gitter geformt, das einen Blick auf das fruchtige Innenleben erlaubt.

Die Herkunft des Namens scheint unbestritten, wiewohl der Schriftsteller Alfred Polgar behauptete, ein Wiener Konditor namens Linzer wäre der Erfinder – bei allem Respekt, nicht alles, was gut schmeckt, muss aus der ehemaligen Kaiserresidenz kommen!

Aus dem beschaulichen Linz des Barocks ist eine moderne Großstadt geworden, die durch Internationalität und Weltoffenheit besticht. Doch in einer Beziehung ist sie ganz die alte geblieben, denn auf eine Linzer Torte geht jeder noch gern ins Kaffeehaus. Der ungekrönte König dieses herrlichen Backwerks ist die Konditorei Jindrak in der Herrengasse. Seit über 80 Jahren genießt man hier Mehlspeisen und Torten aus der Hand meisterlicher Zuckerbäcker, und die »Original Linzer Torte« wird mit besonderer Liebe und Sorgfalt zubereitet.

Gleich im Kaffeehaus bestellen oder als Geschenk für wirklich liebe Freunde mitnehmen – dieses Backwerk ist Biss für Biss ein Stückchen österreichische Geschichte.

Adresse Konditorei Jindrak, Herrenstraße 22–24, 4020 Linz, Tel. +43/(0)732/779258, www.jindrak.at, jindrak@linzertorte.at | **ÖPNV** von der Haltestelle Taubenmarkt (wird von allen Straßenbahnlinien angefahren) über die Landstraße in die Bischofstraße und weiter in die Herrenstraße gehen | **Öffnungszeiten** täglich 9–19 Uhr, Do bis 21 Uhr, Sa 9–18 Uhr | **Tipp** Der ARGE Trödlerladen in der Bischofstraße 7 ist ein Sozialprojekt und birgt ungeahnte Schätze, die von Linzer Dachböden stammen.

49__Der Kepler Salon
Im Hause des Genies

»Die Planeten bewegen sich auf Ellipsenbahnen, in deren einem Brennpunkt die Sonne steht.« Dieser Satz umreißt grob das Erste Kepler'sche Gesetz und erscheint jedem modernen Menschen als Selbstverständlichkeit. Doch am Ende des Mittelalters konnten solch gewagte Thesen schnurstracks auf den Scheiterhaufen führen, denn die Kirche verteidigte ihr geozentrisches Weltbild mit allen Mitteln. Der Astronom und Mathematiker Kepler war ein Vordenker der Abkehr von diesem Primat und damit Mitbegründer einer aufgeklärten Zeit. Er wohnte mehrere Jahre in der Rathausgasse 5 in Linz und arbeitete dort an seinen Rudolfinischen Tafeln. Daneben entstanden sein harmonisches Modell des Universums und das Dritte Gesetz der Planetenbewegung.

Diesen Genius Loci machten sich im Jahr der Kulturhauptstadt Linz 2009 die Gründer des »Kepler Salons« zunutze. Räume wurden adaptiert und dienen seither zur Wissensvermittlung aller Art: Hier herrschen weder Themenbegrenzungen noch Denkverbote, Experten aller Wissenschaftsbereiche halten Vorträge und unterhalten sich mit dem Publikum auf Augenhöhe – Diskussionen ausdrücklich erwünscht. Die Ansprüche des »Kepler Salons« sind ambitioniert, man will nicht mehr und nicht weniger als Weisheit und Wissen in die Welt hinaustragen. Dieser »Thinktank« soll als Schaufenster der Wissenschaften und Verknüpfungspunkt von Forschung und Alltag dienen und dem kulturellen Leben in Linz einen weiteren Turbo zuschalten.

Eine Anekdote zum Leben Keplers am Rande: Er war des Öfteren gezwungen, aufgrund gewagter Theorien und Ketzereien die Flucht vor staatlichen Schergen anzutreten. Doch seine Mutter wurde der Hexerei bezichtigt, Kepler führte als Verteidiger einen jahrelangen Prozess und boxte sie schließlich frei. Dieser Mann war nicht nur Gelehrter, sondern auch ein hervorragender Advokat – facettenreich wie der nach ihm benannte Salon.

Adresse Rathausgasse 5, 4020 Linz, Tel. +43/(0)664/6502343, info@kepler-salon.at, www.kepler-salon.at | **ÖPNV** vom Hauptplatz (wird von allen Straßenbahnlinien angefahren) in die Rathausgasse gehen, der »Kepler Salon« liegt linker Hand | **Öffnungszeiten** eine Stunde vor Veranstaltungsbeginn | **Tipp** Beim »Wirt am Graben«, Grabenstraße 24–26, gibt es Mühlviertler Gerichte auf leichte Art zubereitet.

50 Das Kunstwerk Kammerspiele

Konkurrenz aus Stein

Theater ist eine Sache, auf die man sich einlassen muss. Auf der Bühne liegt die Wahrheit, für jeden anders zu interpretieren. Der Zuschauerraum ist Mittel zum Zweck und sollte dergestalt sein, dass Besucher das Geschehen ungestört von Säulen oder Ähnlichem mitbekommen. In den Linzer Kammerspielen, die an die alte Oper angebaut sind, haben Schauspieler und Regisseure subtile Konkurrenz: das Gebäude selbst, das vom berühmten Architekten Clemens Holzmeister konzipiert und gebaut worden ist.

In den 1950er Jahren reifte der Entschluss, der seit 1803 bestehenden Oper ein neues Gesicht zu geben und das Sprechtheater in die neu errichteten Kammerspiele zu überführen. Holzmeister gab dem Gebäude einen eigenen Schliff, verwendete die gerade und schnörkellose Ästhetik der 1950er Jahre und verband diese mit seiner Vorstellung von klarer Linie und Funktionalität, gepaart mit einzigartiger Theaterarchitektur. Hier wird der Betrachter von geschlossener, immanenter Struktur in den Bann gezogen: Seien es die Fassaden der Kammerspiele, seien es Treppen und Türen, das Rund des Zuschauerraums oder die Geländer und Beleuchtungskörper im Foyer. Hier fügt sich aus der Hand Holzmeisters alles ineinander, fast symbiotisch unterstützt von bedeutenden Künstlern dieser Zeit wie Fritz Fröhlich oder Gudrun Baudisch und Franz von Zülow. Man kann getrost behaupten, dass dieses Linzer Theater neben dem Salzburger Festspielhaus der wohl gelungenste Kulturbau des Meisters ist!

Wenn die Lichter ausgehen und die gespannte Ruhe vor der Vorstellung einsetzt, freut sich das Publikum immer auf einen gelungenen Abend. Oft werden sie beglückt, doch die Mär, dass bei Regietheater in seiner modernsten Form viele Blicke nach der vollendeten Architektur des Hauses heischen, wenn der Vorhang fällt, geht ebenso um. So oder so ist ein schöner Abschluss in jedem Fall garantiert!

Adresse Promenade 39, 4010 Linz, Tel +43/(0)732/76110, kassa@landestheater-linz.at |
ÖPNV vom Taubenmarkt (wird von allen Straßenbahnlinien angefahren) am Landhaus
vorbei die Promenade nehmen | **Öffnungszeiten** Mo–Fr 9–18 Uhr und Sa 9–12.30 Uhr
sind die Kassen geöffnet; am schönsten sind die Kammerspiele während einer Vorstellung |
Tipp In der Hofgasse 5 in der Altstadt von Linz gibt es im »Göttfried« Wirtshaus-
atmosphäre und neu interpretierte Hausmannskost.

51___Die Pferdeköpfe

Wiehern statt Dröhnen

Mitten in der Stadt flitzen Autos zu tausenden vorbei, ein ewiges Fließen von Blech und Chrom. An dieser Kreuzung werden durstige Fahrzeuge aufgetankt, und weiter geht's im Strom der Betriebsamkeit. An der Einfahrt jedoch gemahnt ein mit Pferdeköpfen bestücktes Tor der Vergangenheit an eine Zeit, die vielleicht nicht besser, aber umso geruhsamer war. Hier befand sich eine Station der Pferdeeisenbahn zwischen Budweis und Gmunden. Zu Beginn des 19. Jahrhunderts wollte man neue Wege gehen, um den Salzhandel zwischen dem Salzkammergut und Böhmen zu forcieren. Von Pferden gezogene Lastenwaggons waren die mit Abstand schnellste und günstigste Lösung. Zwischen 1827 und 1836 wurde mit enormem Aufwand an Mensch und Material eine Bahnschneise geschlagen, die ihresgleichen in Europa suchte. Pro Tag konnten zwar nur 40 Kilometer zurückgelegt werden, doch dies bedeutete im Vergleich zu Fuhrwerken einen Quantensprung der Beförderungstechnik. Diese Rasanz wurde auf den Personenverkehr ausgeweitet: Wer um fünf Uhr früh in Budweis den Pferdeexpress bestieg, konnte sich bereits um sieben Uhr abends in Linz den Reisestaub von den Schultern klopfen. Scheitelstation war der Ort Kerschbaum im Mühlviertel, und genau hier, nicht in Paris oder London, entstand das erste Bahnhofsrestaurant Europas! In Linz fuhren die Passagiere kurz vor dem Ziel durch das Pferdeköpfe-Tor, das mit allen Annehmlichkeiten ausgestattet war – selbst die kaiserliche Familie machte hier halt und ließ sich von ihren Untertanen huldigen.

Kaum vorstellbar, dass an diesem Ort einmal Ruhe und Beschaulichkeit herrschten, aber man sollte die Vorteile der heutigen Zeit nicht missachten. Von A nach B geht es ruckzuck, und vielleicht werden bald alle solarbetrieben durch die Gegend rauschen – dann hat die Tankstelle ausgedient wie ihr Vorfahr, und der Benzingeruch wird verwehen gleich dem Duft der Pferdeäpfel.

Adresse an der Kreuzung Dinghoferstraße / Lustenauer Straße, 4020 Linz | ÖPNV an der Haltestelle Mozartkreuzung (wird von allen Straßenbahnlinien angefahren) aussteigen und per Bus oder zu Fuß die Mozartstraße Richtung Dinghoferstraße nehmen | Öffnungs- zeiten Das Durchfahrtstor ist jederzeit zu besichtigen. | Tipp Am Graben 32b gibt es im »Bauchladen« feine Suppen und Küche für Veggies – trendig und stylish!

52 Der Schloss-Südtrakt

Was lange währt, wird endlich gut

Altehrwürdiges Mauerwerk und zeitgemäße Architektur vertragen sich nicht? Ein Irrglaube, wie das Linzer Schloss aufs Perfekteste zu illustrieren vermag. Im Jahr 1800 legte eine Brandkatastrophe den Südflügel des Renaissance-Prunkbaus in Schutt und Asche. Erst 200 Jahre später wurde die Lücke ansprechend geschlossen, und zwar mit einer futuristisch anmutenden Stahl-Glas-Konstruktion, die sich wie ein extraterrestrisches Flugobjekt auf die historischen Burgmauern gesetzt hat.

»Was lange währt, wird endlich gut!«, möchte man ausrufen. Die lang gezogene Schachtel rückt als modischer Eyecatcher das Schloss am Berg wieder ein bisschen zurück ins Bewusstsein der Linzer und seiner Besucher. Wer etwas Abstand vom Trubel sucht, spaziert über steile Stufen hinauf, vorbei an einem mit Efeu überwucherten Turm, dann verklingt das Hallen der Stadt und macht einer eigenen Atmosphäre Platz. Stein, Glas und Stahl sind zu einer harmonischen Einheit verschmolzen. An einer Stelle schraubt sich der moderne, in Grau gehaltene Südtrakt des Schlosses in schrägem Winkel in altes Mauerwerk hinein. An einer anderen Stelle stellt eine transparente Brücke eine Verbindung zwischen imperialer Vergangenheit und heutiger Zeit her. Eine Etage darunter, im Schlosshof, wurden Feucht- und Wiesenbiotope en miniature angelegt. Hier summen die Bienen, zwitschern die Vögel und murmeln die Brünnlein.

Allein der architektonische Spagat ist bewundernswert, doch es gibt noch weitere Gründe für einen Besuch: Wer Zeit und Lust hat, kann sich im Schlossmuseum in die Natur-, Kultur- und Kunstgeschichte des Landes Oberösterreich vertiefen. Für kulinarische Höhepunkte ist die Brasserie am Schlossberg bekannt – doch nicht nur dafür. Von der Terrasse schweift der Blick beinahe über das gesamte Stadtgebiet, vom Pöstlingberg bis zum Industriegebiet der voestalpine. Das Auge isst hier doppelt mit.

Adresse Schlossberg 1, 4020 Linz, Tel. +43/(0)732/772052300, www.schlossmuseum.at, www.schlossbrasserie.at | **ÖPNV** Straßenbahnlinien 1, 2 und 3 bis Hauptplatz, über die Hofgasse geradeaus über die Stufen zum Schloss hinauf | **Öffnungszeiten** Museum Di, Mi, Fr 9–18 Uhr, Do 9–21 Uhr, Sa, So, feiertags 10–17 Uhr; Brasserie Di–Fr 9–24 Uhr, Sa, So 10–24 Uhr | **Tipp** Auf der Terrasse ist ein riesiges in Bronze gegossenes Stadtmodell zu bewundern, das Linz um 1800 zeigt.

53__Die solarCity
Das prächtige Retortenbaby

Wer kennt nicht die gläserne Kuppel des Reichstags in Berlin oder den futuristischen Gherkin Tower in London? Beide Bauwerke sind Entwürfe des genialen Architekten Norman Foster – und haben damit etwas gemeinsam mit der solarCity in Linz, denn diese urbane Mustersiedlung fußt ebenfalls auf einem Plan des weitsichtigen Briten.

Zusammen mit dem Solarexperten Thomas Herzog und dem Städteplaner Roland Rainer entstand Mitte der 1990er Jahre die Idee eines ökologischen Stadtteils am Rande von Linz, der bis ins Jahr 2005 sukzessive verwirklicht wurde. Nomen est omen, die Sonnenstadt zeichnet sich durch viel Freifläche, ökologische Baustoffe, Grünoasen und Solaranlagen aus. 3.500 Menschen können hier in einem System leben, das mit der Umwelt im Einklang steht – hier wird Energie nicht vernichtet, sondern genutzt und selbst das Regenwasser recycelt. Mittelpunkt der Anlage ist eine offen gestaltete Piazza mit Geschäften, Cafés und öffentlichen Einrichtungen wie Schule und Kindergarten. Die Größe der Wohnungen variiert und garantiert eine gute Durchmischung der Bevölkerung. Durch den zentrierten Aufbau der Stadt sind alle Häuser nur einen Steinwurf voneinander entfernt und fußläufig erreichbar, daher kann die Idee einer autofreien Zone verwirklicht werden. Die Straßenbahn hält direkt am Ortsplatz und braucht 30 Minuten in das Zentrum von Linz, Seen und Auen der Umgebung dienen als ideale Naherholungsgebiete.

Dass Städte und Stadtteile aus der Retorte und vom Reißbrett gewaltig danebengehen können, zeigen etliche Beispiele der Architekturgeschichte, doch die solarCity ist eine Erfolgsstory des Siedlungsbaus. Wo andernorts durch falsche Planung Ghettos und soziale Brennpunkte entstehen, ist in Linz der Versuch eines »künstlichen« Bezirks vollauf gelungen – die Liste der Wohnungsanwärter ist lang und das Lebensgefühl einmalig, Urbanität und Ökologie bilden eine perfekte Klammer.

Adresse südöstlich des Linzer Zentrums zwischen Pichling und Ebelsberg, 4030 Linz |
ÖPNV vom Hauptplatz mit der Straßenbahnlinie 2 bis zur Haltestelle solarCity |
Öffnungszeiten Die solarCity ist ein eigener Stadtteil und immer zu besichtigen. | **Tipp**
Gleich in der Nähe liegt das Naherholungsgebiet der Linzer – der pittoreske Pichlinger See.

54 Das Stifter-Denkmal

Der »bunte Stein« Granit

Kaum ein Schriftsteller hat es je verstanden, die Natur in all ihren Spielarten und Facetten darzustellen wie Adalbert Stifter, Meister der leisen Töne und allerfeinsten Beschreibungen. Dass er neben seiner Tätigkeit als Literat große Leistungen in der Schulpolitik des 19. Jahrhunderts vollbracht hat, ist weniger bekannt. Ein Denkmal in Linz nimmt Bezug auf beide Lebenskomponenten und ist mit Bedacht an diese Stelle gesetzt worden. 1902 wurde die von Johann Rathausky geschaffene Plastik enthüllt, die einen sitzend sinnierenden Dichter zeigt, so als würde er gerade auf einem Spaziergang im Mühlviertel entspannen. Die Figur ruht auf einem wuchtigen Granitblock – dieses Gestein hat Stifter in seiner berühmten Erzählsammlung »Bunte Steine« ebenso verewigt wie Bergkristall, Turmalin und Katzensilber – eine Hommage an seine Heimat, die Struktur der Landschaft und die Beschaffenheit des Böhmerwaldes. Von dort kam der Sohn einer Leinweberfamilie über Umwege nach Linz und genoss bereits zu Lebzeiten einen hervorragenden Ruf als Autor und Landschaftsmaler. In seinem »Brotberuf« als Schulinspektor vergaß er seine Herkunft nicht und setzte sich für die Grundbildung der armen Leute ein, in der er die Bedingung für die Erlösung vom Elend sah. Und wo befand sich das Büro des Herrn Schulrates? Genau, im heutigen Landhaus – nach einer Zeitreise könnte Stifter direkt vom Fenster aus auf die stattliche Bronze schauen!

Kurzfristig war die Skulptur aus der Stadt verschwunden und zum 200. Geburtstag des Dichters nach Kirchschlag in sein geliebtes Mühlviertel verbracht worden. An der Stätte seiner Naturbeobachtungen konnte das Denkmal drei Jahre lang den »Blick« über Stock und Stein richten, die er so exakt beschrieb. Mittlerweile ist der Poet samt Hut und Mantel zurückgekehrt an den Ort seines pädagogischen Wirkens – aus der »Sommerfrische«, wie es Stifter auch zu Lebzeiten hielt.

Adresse an der Promenade vor dem Landhaus, 4020 Linz | **ÖPNV** vom Taubenmarkt (wird von allen Straßenbahnlinien angefahren) direkt zur Promenade gehen, das Denkmal steht rechter Hand | **Öffnungszeiten** Das Denkmal ist jederzeit zu besichtigen. | **Tipp** Gegenüber dem Denkmal macht der »Eisdieler« seine Geschäfte – Gefrorenes auf allerhöchstem Niveau!

55 Die Tabakfabrik

Zur Abwechslung qualmen die Köpfe

Filme, Fotos und Magazine aus dem 20. Jahrhundert legen nahe, dass in Intellektuellenkreisen einst viel mehr gepafft wurde. Der Schriftsteller mit der Pfeife, der Schauspieler mit dem Glimmstängel zwischen den Lippen und der kettenrauchende Journalist – sie alle schienen zu beweisen, dass blauer Dunst und Kreativität Brüder sind, in Amerika, Frankreich und Deutschland genauso wie in Österreich. Heute ist Rauchen beinahe allerorts in der Defensive, aber eine Ironie der Geschichte will es, dass sich eine aufgelassene Stätte des Zigarettenkults in einen der größten Kreativ-Cluster Österreichs verwandelt hat: die Linzer Tabakfabrik.

2009 hatte die »Tschickfabrik« ausgedient, die Stadt übernahm das riesige Gelände zwischen Stadtzentrum, Donaulände und Hafen. Das Ensemble ist pures Industriedesign der 1930er Jahre. Als erster Stahlskelettbau Österreichs im Stil der Neuen Sachlichkeit ist die Tabakfabrik architekturgeschichtlich ein Begriff. Im Innenhof, dem nach Mastermind Peter Behrens benannten Platz, erinnern Gleise und Laderampen an die industrielle Vergangenheit; der Schornstein eines Mini-Kraftwerks ragt in die Luft wie eine einzelne Zigarette aus einer Packung. Sukzessive wird der Komplex mit seinem 227 Meter langen Hauptgebäude revitalisiert. Vor-, Nach- und Querdenker haben in der weitestgehend denkmalgeschützten Tabakfabrik ihr Studio, Labor, Atelier oder Plätzchen im Co-Working-Space gefunden, tüfteln an Projekten der postindustriellen Kreativ- und Wissensgesellschaft.

Hier rauchen die Köpfe! Köche, Künstler und Modestudenten liefern ebenfalls ihren Input. Die Hallen werden für einen bunten Veranstaltungsreigen vom Craft-Beer-Festival bis zum Klassikkonzert genutzt. Auch der Schöpfer der österreichischen Zigarettenmarke TSCHICK hat sich eingemietet. Er kämpft von diesem symbolträchtigen Ort aus für ein Revival der österreichischen Tabakkultur.

Adresse Peter-Behrens-Platz 11, 4020 Linz, Tel. +43/(0)732/772272, www.tabakfabrik-linz.at |
ÖPNV Buslinien 12 und 25, Haltestelle Parkbad; 26, Haltestelle Lüfteneggerstraße; 27, Halte-
stelle Ledererrgasse | **Öffnungszeiten** ganzjährig von außen frei zu besichtigen, Veranstaltungen
siehe Homepage | **Tipp** Gönnen Sie sich eine Auszeit vom urban-kreativen Trubel im Linzer
Parkbad schräg gegenüber, Untere Donaulände 11.

56__Der Tangosaurus

Der Klang des neuen Jahrtausends

»Was lange währt, wird endlich gut.« Lange dauerte die Entscheidungsfindung über ein Musiktheater in Linz, um der Stadt eine gebührende Spielstätte zu geben. Es ist vollbracht: 2013 wurde nach Entwürfen des Architekten Terry Pawson eines der modernsten Opernhäuser Europas eröffnet, das bisher ungeahnte Möglichkeiten der Performance auf höchstem Niveau bietet. Mehrere Spielstätten mit dem großen Saal als Herzstück lassen den Besucher durch elegantes und zeitloses Ambiente in einer Welt der Musik versinken. Ein zusätzlicher Augenschmaus ist das »Klangfoyer«, ein weitläufiges Entree im ersten Stock, mit Kunstwerken bestückt, die in unmittelbarem Zusammenhang mit dem Haus und dessen kultureller Bedeutung stehen.

Auf einem »Erlebnisparcours« erkennt man 14 Persönlichkeiten der Musikgeschichte als Sternenbilder, kann sich von der »Schall-Mauer« berühren lassen oder in der »HörBar« Hochgenüsse der Opernwelt nachempfinden. Das Zentrum des Foyers jedoch ist eine Installation des Künstlers Constantin Luser und hängt quer über der luftigen Doppelstiege zum ersten Rang. »Tangosaurus« heißt das aus dutzenden fein gebogenen Klangröhren und hölzernen Klangboxen bestehende Raumbandoneon. Auf einer kleinen Ziehharmonika spielt der Interpret ein Lied an, dessen Klänge elektronisch Druckluft in die Klangboxen pumpen und schlussendlich Töne in den Röhren erzeugen. Hier bilden Digitalisierung und natürliche Klänge ein harmonisches Miteinander und weisen schon im Entree des Musiktheaters den Weg ins 3. Jahrtausend.

Coco Luser hat bei der Eröffnung selbst zum Bandoneon gegriffen und dem Gewirr an Metallröhren sphärische Töne entlockt. Faszinierend, wie aus einem handlichen Instrument eine Melodie erklingt und der »Tangosaurus« das gesamte Foyer in Schwingung versetzt – ein Abbild des Hauses, in dem von Jazzkonzerten bis zu bombastischen Opern alles möglich ist.

Adresse im Foyer des Musiktheaters, Am Volksgarten 1, 4020 Linz, Tel. +43/(0)732/76110, www.musiktheater.at | **ÖPNV** vom Hauptplatz mit allen Straßenbahnen Richtung Haupt-bahnhof und an der Station Musiktheater aussteigen | **Öffnungszeiten** Beachten Sie die Öffnungszeiten des Musiktheater-Cafés täglich 9 – 23 Uhr. | **Tipp** Die Arbeiterkammer Linz in der Volksgartenstraße 40 ist ein gelungenes Architektur-Ensemble aus Alt und Neu.

57_Das Zahnmuseum

Von A wie Apollonia bis Z wie Zahnbrecher

Vielen Menschen verursacht schon die Aussicht auf einen Zahn-arzt-Termin Nervenflattern. Ihnen und allen, die sich für Medizin-geschichte interessieren, sei ein Besuch im Linzer Zahnmuseum ans Herz gelegt. Einfach auf den Klingelknopf gedrückt, schon öffnet sich das Portal zur Dental-Sammlung im Komplex des Alten Rathauses. Subtil und sensibel nähert man sich dem Thema. Der typische Zahn-arztpraxis-Geruch liegt hier genauso wenig in der Luft wie das hinter-gründige Musikgesäusel, welches das Nervenkostüm beruhigen soll.

Die Wurzeln der Zahnmedizin sind uralt, erfährt der staunende Besucher. Bereits bei den alten Ägyptern und den Maya finden sich Hinweise auf plombierte Zähne, brauchbare Prothesen entwickel-ten schon die Etrusker. In späteren Epochen ließ sich weniger von »Zahnheilkunde« sprechen: Auf einem Bader-Stuhl – ein Modell von 1720 zählt zu den ältesten Exponaten der Sammlung – konnte ein Patient bestenfalls erwarten, dass der »Zahnbrecher« sein Bra-chial-Handwerk schnell zu Ende brachte und dass das Flehen zur heiligen Apollonia half.

Ende des 19. Jahrhunderts machten Magie und Pfusch allmählich der ärztlichen Kunst Platz. Effiziente Bohrer, örtliche Betäubung, Röntgenbilder und eine professionelle Ausbildung sorgten für Be-handlungen, die nicht automatisch mit bohrenden Schmerzen und Zahnverlust verbunden waren. Der rasante Fortschritt lässt sich an den präsentierten Behandlungseinheiten ablesen. Bereits die »Altwie-ner Nobelpraxis« (um 1900) signalisierte mit Lederbezügen, marmor-nen Oberflächen und guter Beleuchtung: Wir haben alles im Griff!

Auch Kuriosa kommen in dem Kaleidoskop von Zangen, Boh-rern, Ersatzzähnen und Reinigungs-Behelfen nicht zu kurz. Der »Miswak«, eine Bürste aus dem Zweig des Zahnbürstenbaums, er-zählt von traditioneller Vorsorge im arabischen Raum. Gruslig: der Spiraldreher. Er diente dazu, bei einer Kiefersperre den Mund lang-sam aufzuspreizen.

Adresse im Alten Rathaus, Zugang via Hauptplatz 1 oder Pfarrgasse 9, 4020 Linz, www.zahnmuseum-linz.at | **ÖPNV** Straßenbahnlinien 1, 2, 3 bis Hauptplatz | **Öffnungszeiten** Mo–Fr 9–18 Uhr | **Tipp** Jetzt brauchen Sie was Ordentliches zwischen die Zähne: Fünf Gehminuten entfernt liegt das »Stieglbräu zum Klosterhof«, Landstraße 30, mit seinem herrlichen Biergarten.

58__Das Zeitgeschichte MUSEUM

Zu den Anfängen des voestalpine-Konzerns

Kein anderer Betrieb prägt Oberösterreichs Wirtschaft stärker als die voestalpine. Tausende Menschen hält der Stahlkonzern in Arbeit, mit bahnbrechenden Technologien schrieben die Linzer Stahlkocher Technikgeschichte, und die Produktionsstätten der voestalpine prägen das Stadtbild. Lange Zeit kaum ein Thema waren die Anfänge des Unternehmens, das nach dem »Anschluss« Österreichs an Hitler-Deutschland 1938 unter Einsatz abertausender Zwangsarbeiter aus 30 Ländern aus dem Boden gestampft und betrieben wurde.

Der Fund von 38.000 Personalakten aus der NS-Ära veranlasste die Unternehmensleitung, dieses Kapitel der Firmengeschichte von Historikern aufarbeiten zu lassen. Die Ergebnisse werden seit Kurzem in einer mustergültigen Ausstellung in der Konzernzentrale präsentiert.

Multimediale Themeninseln, Dokumente und historisches Bildmaterial skizzieren das menschenverachtende System der NS-Zwangsarbeit und den Alltag in den damaligen »Reichswerken Hermann Göring« am Standort Linz. Von Willkür und Grausamkeit waren einige Gruppen wie die »Ostarbeiter« besonders betroffen. Ihnen drohte bei kleinsten Verfehlungen die Verschleppung in »Arbeitserziehungslager« oder ins KZ Mauthausen. »Laut Mitteilung der Gestapo in Haft«, steht auf einem Personalbogen, und dann der Hinweis: »Mit einer Rückkehr ist nicht zu rechnen.«

In der Nachzeichnung von Einzelschicksalen liegt eine Stärke der Schau. Audiodokumente verleihen den Entrechteten wieder eine Stimme. »Hätte jemand gesagt: ›Du kriegst jetzt ein halbes Brot, später wird man dich aber umbringen.‹ Ich hätte gesagt: ›Ja.‹ – nur um einmal noch satt zu werden«, erinnerte sich etwa ein Zwangsarbeiter aus Polen. Als 1944 die alliierten Luftangriffe begannen, gerieten die Arbeiter endgültig zwischen Hammer und Amboss.

Kontroll-Karte

№ 134362

...u Görliner Werken...
die bei Vertragsfirmen de...
w...n ... Görling-Konzern-Werke...
...d de...en ... ...t...s...ada...

...hne Rückseitigen Kon-
trollstempel ungültig!

K o t i k   Jaromir
                        Name
19.1.1919   Heinrichs
geb. am   in
Protektorat - Mähren
          Staatszugehörigkeit
      Angestellter
                Beruf
Wohnlager 31 - Haid
      Wohnlager bezw. Wohnung in Linz
Gültig
Herm ...   ...g Werk...
Ort der Ausstellung ...Wonn...
25. 8. 44

Lager-Kontrollkarte des tschechischen Zwangsarbeiters Jaromir Kotik (25. August 1944).

Adresse voestalpine-Straße 1, 4020 Linz, Tel. +43/(0)50304/158900, www.voestalpine.com/zeitgeschichte | **ÖPNV** Straßenbahnlinie 1 oder 2 bis Haltestelle Turmstraße, weiter mit Buslinie 25, Richtung Karlhof, Haltestelle Betriebsgebäude 41 (BG41), von dort ist ein Fußweg (circa drei Minuten) ausgeschildert | **Öffnungszeiten** Fr 13–17 Uhr, Sa 9–17 Uhr; für Gruppen nach Voranmeldung | **Tipp** Besichtigen Sie auch die beeindruckende voestalpine Stahlwelt nebenan – eine ideale Ergänzung zum Geschichte-Schwerpunkt.

59 Das Kraftwerk Steyrdurchbruch

Sauberer Strom, reiner Jugendstil

Ein hässlicher Berg aus grauem Beton und ein Gewirr von Leitungen, die Strom in die Welt hinaustragen: Dieses Bild verbinden die meisten Menschen mit einem Wasserkraftwerk. Doch zwischen Klaus und Molln hat das Tal der Steyr ein Kraftwerks-Kleinod zu bieten, das sich für Architekturauszeichnungen bestens eignen würde. Das E-Werk Steyrdurchbruch atmet den Geist der Entstehungszeit, der Jahre vor dem Ersten Weltkrieg, als der Jugendstil auch in manchen Architekturbüros Einzug hielt.

Die Schlucht des Steyrtals scheint das Ensemble fast zu verschlucken, aber das war wohl die Intention, die Chefplaner Mauriz Balzarek, ein Schüler Otto Wagners, verfolgte. Beinahe diskret fügen sich Staudamm und Turbinenhaus in die Landschaft ein. Der Technik ihren Platz, der Natur ihre Würde – und ästhetisch ist das Ganze obendrein! Je weiter man ins Tal hinabsteigt, desto mehr stechen einem geschwungene Formen und weitere Elemente aus dem Baukästchen des Jugendstils ins Auge. Die Brücke zum Turbinenhaus kennzeichnet ein Doppelpaar von Pylonen in Jugendstilformen. Design-Appeal verströmt selbst die einst für die Beförderung von Baumstämmen genutzte Triftgasse: Sie erinnert an eine Skisprungschanze beziehungsweise eine Mega-Rutsche.

An der Fassade ist der Auftraggeber verewigt, die Kirchdorfer Zementwerke Hofmann & Co. Hinter dem Staudamm schmiegt sich ein türkisblauer See an die nun dicht bewaldeten Talflanken. Heute läuft die Anlage im automatischen Betrieb und versorgt die umliegenden Gemeinden mit »schönem« Strom. Schautafeln vergegenwärtigen die Technikgeschichte, und nach Voranmeldung kann man die weitgehend erhalten gebliebene Originaleinrichtung aus den Jahren 1908/25 besichtigen, samt alten Francis-Turbinen und Schalttafeln. Ein Fest für Technikfreunde!

Adresse Göritz 6, 4564 Molln, Tel. +43/(0)732/9000/2326, www.energieag.at | **Anfahrt** an der B 140 zwischen Klaus und Molln, beim Imbiss Steyrdurchbruch-Hütte parken, zu Fuß ans Ende der Brücke, dort beginnt der Fußweg hinab in die Schlucht und zum Kraftwerk | **Öffnungszeiten** ganzjährig von außen zu besichtigen, Führungen ab acht Personen nach Voranmeldung | **Tipp** Nähern Sie sich dem Kleinod auf dem Steyrtal-Radweg, er verläuft von Klaus über Molln nach Steyr und ist einer der schönsten Oberösterreichs.

60__Der Maultrommel-schaubetrieb

Poesie an der Eisenstraße

Messer und Gewehre, Sensen und Uhren und viele andere praktische Dinge erzeugten die Oberösterreicher aus dem Erz, das jahrhundertelang vom steirischen Erzberg nach Norden transportiert wurde. Aus der Ortschaft Molln stammen die wohl poetischsten Erzeugnisse der ganzen »Eisenstraße«: Maultrommeln. In seinem Schaubetrieb ruft Franz Wimmer die Geschichte des ungewöhnlichen Instruments wach. Mit wenigen Handgriffen biegt er ein Stück spezialgefertigten Eisens zu einer Maultrommel zurecht und entlockt ihr sogleich die hypnotischen Klänge, die das »Brummeisen« so einzigartig machen.

Quasi im Alleingang hat Wimmer die Geschichte der Maultrommel aufgerollt. Ihre Wiege liegt in Sibirien, von dort verbreitete sie sich über Handelsrouten weiter. Vor etwa 400 Jahren fand die Maultrommel ihren Weg nach Molln und ließ die ansässigen Eisenkünstler zur Hochform auflaufen. In der Blütezeit übten mehr als 30 Familienbetriebe das Handwerk aus, heute sind zwei Erzeuger übrig geblieben. Eine Weltkarte illustriert, dass Wimmers Instrumente nach wie vor viele Liebhaber finden, sogar in Grönland, Namibia und Papua-Neuguinea. Verständlich: Eine Maultrommel ist nicht teuer, passt in jede Hosentasche und lässt sich mit etwas Übung bald beherrschen.

Franz Wimmer versteht sich als kultureller Botschafter. Er hat Maultrommelspieler aus aller Welt in seinen Heimatort eingeladen und ist selbst weit gereist. Von Aufenthalten in Afrika, Amerika und Asien künden Fotografien und Plakate in der kleinen Werkstatt. In Schaukästen sind die Maultrommel-Varianten dieser Welt versammelt: Bambus-Versionen aus der Südsee, solche aus Japan und die europäischen Versionen aus Metall, die einem Schlüssel ähneln. Und dann beginnt eine akustische Weltreise, der man mit großem Vergnügen lauscht.

Adresse Im Sperrboden 1, 4591 Molln, Tel. +43/(0)7584/2831, www.maultrommel.at |
Anfahrt B 140 nach Molln, auf der Mollner Straße die Steyr überqueren, dann links halten
und auf der Piesslingerstraße über den Hügel zum Ziel (ausgeschildert) | **Öffnungszeiten**
Mo–Fr 9–12 und 14–17 Uhr, an Wochenenden nach Voranmeldung | **Tipp** Besichtigen Sie
die Ausstellungen im Nationalpark-Zentrum (Ortsmitte) und holen Sie sich Anregungen für
weitere Aktivitäten im Nationalpark Kalkalpen, www.kalkalpen.at.

61 Die Schmiede Schmidberger

Eisen liegt ihnen im Blut

Seit mehr als 500 Jahren beschützt die Schweizer Garde den Papst – und genauso lange sind auch die Harnische, in denen die Gardisten zu speziellen Anlässen paradieren, in Gebrauch gewesen. Als vor einigen Jahren immer mehr Rekruten der Brustpanzer zwickte, suchte der Kirchenstaat nach Spezialisten, die nach alter Art neue und größere Exemplare erzeugen konnten. In einer winzigen Dorfschmiede im 3.600-Seelen-Ort Molln wurden die Emissäre fündig.

Johann Schmidberger senior und zwei seiner Söhne sind die einzigen Eisenkünstler weit und breit, die sich auf die Restaurierung und Herstellung von historischen Rüstungen verstehen. Bis zu 120 Arbeitsstunden stecken in einem Hochglanz-Harnisch, erfährt man bei einer Führung in der Schmiede Schmidberger. Haupttechnik ist das »Plattnern«, das im 18. Jahrhundert mit der Entwicklung durchschlagskräftiger Feuerwaffen ausstarb. Im Schauraum sind Glanzstücke des Plattnerns, Ätzens und Bläuens zu bewundern: geschwungene Helme, verzierte Brustpanzer sowie Hieb- und Stichwaffen. Waffen nach historischer Machart sind eine weitere Spezialität aus Molln – sie werden auf den Bühnen immer gefragter. Das Grand Théâtre de Genève gab für den »Ring der Nibelungen« Schwerter und Piken in Auftrag. Auch die Salzburger Festspiele kommen auf den Familienbetrieb zurück, wenn die Regisseure nach authentischen Requisiten aus der Rüstkammer verlangen.

Seit dem Spätmittelalter sind die Schmidbergers in der Eisenverarbeitung tätig, am heutigen Standort, der »Schmidten bei der Lacken«, seit gut 200 Jahren. Hier glimmt die Esse, hier sprühen die Funken – ein Ort voller archaischer Klänge und Gerüche. Überraschend leicht liegt ein Schmidberger-Schwert in der Hand. Es benötigt noch Feinschliff, befindet der junge Schmied, und stellt sich an die Schleifmaschine. Dann lässt er die Funken sprühen.

Adresse Schmiedstraße 17, 4591 Molln, Tel. +43/(0)650/5210029, www.schmiede-schmidberger.at | **Anfahrt** B 140 nach Molln, auf der Mollner Straße die Steyr überqueren, dann rechts halten, nach circa einem Kilometer nächste Abzweigung rechts nehmen und via »Im Dorf« auf der Schmiedstraße zum Ziel (ausgeschildert) | **Öffnungszeiten** für Gruppen ab 10 Personen, nach telefonischer Voranmeldung | **Tipp** Stärken Sie sich beim Wirt im Dorf, Im Dorf 1, mit regionalen Spezialitäten.

62 Das Iris Porsche Hotel
Versteck für die Seele

Als wilde Seeräuber die Weltmeere unsicher machten und von der Obrigkeit über Ozeane gehetzt wurden, brauchten sie Orte, um durchschnaufen zu können. Das waren verschwiegene Buchten und abgelegene Höhlen, die »Hideaways« genannt wurden und Ruhe vor der Außenwelt garantierten. Die rasante Gegenwart gleicht der wilden See, und der moderne Mensch sehnt sich nach einem Refugium … und fährt an den Mondsee ins Iris Porsche Hotel; hier erwartet ihn alles, was Batterien wieder auflädt. Im alten Bürgerhaus am Marktplatz hat die Besitzerin Räume geschaffen, die durch modernes Design und perfekte Abstimmung bestechen. Schon in der Empfangshalle ist die Linie zu erkennen, die sich durch alle Zimmer, den Spa-Bereich und das Restaurant zieht: Massenware aus dem Hotel-Ausstattungs-Katalog ist ein Fremdwort, man legt Wert auf zugeschnittene Gestaltung durch Farben, Licht und Kunstwerke, die sich nahtlos ins Ambiente einfügen und nicht aufgesetzt wirken.

Wer das Eckhaus am Mondseer Marktplatz betritt, ahnt nicht, welche Kapazitäten im Inneren schlummern – hier wird der Platz genutzt und nicht verschwendet, der Gast fühlt sich wie in einem sanft gewobenen Kokon. Was »gesundes Essen« auf Hauben-Niveau bedeuten kann, wird im Restaurant bewiesen: Die Speisen sind aus besten Zutaten der Region komponiert, Gemüse und Kräuter wichtige Ingredienzien, nicht schmückendes Beiwerk. Tagsüber am See, dann ins Spa und zum Abschluss ein Essen im Porsche Gastgarten – der perfekte Tag!

Ein großer Hit des Schlagerkönigs Rex Gildo war »Hernando's Hideaway«, wo mit dem Zauberwort »Sabadak« die Tür in eine Welt voller Genuss und Freude geöffnet wird. Am Mondsee bedarf es keiner Geheimcodes, um rundum glücklich zu werden: Wer in den Hotellift einsteigt, weiß sofort, dass die Reise in eine andere Dimension begonnen hat. So einen Eingang hätte sich der selige Rex auch gewünscht – lassen Sie sich überraschen!

Adresse Marktplatz 1, 5310 Mondsee, Tel. +43/(0)6232/22370, reservierung@irisporsche.at, www.irisporsche.at | **Anfahrt** von der A 1 bei Mondsee abfahren und über die B 154 und B 151 nach Mondsee, das Hotel liegt im Zentrum | **Öffnungszeiten** ganzjährig geöffnet | **Tipp** In der Konditorei »Frauenschuh« am Marktplatz 8 gibt es urtypische Kaffeehaus-kultur und Mehlspeisen der Sonderklasse.

63__Der Jungfraustein

Wackel-Dackel aus Granit

Wie weit Realität und Fiktion auseinanderklaffen, ist an einer Gesteinsformation mitten im Hausruckviertel leicht zu erklären: Hier haben Millionen Jahre der Verwitterung und des Windes ganze Arbeit geleistet und einem Granitblock so zugesetzt, dass er wie zwei aufeinandergeschichtete Steine wirkt.

Nun zum Mythos, der zugleich namensgebend ist: Drei holde Jungfrauen sollen diese gewaltigen Bröckerln herbeigeschleppt und zu einem Sandwich gestapelt haben – das klingt doch gleich viel hübscher als banale Erosion, wenn resche Oberösterreicherinnen mit ihrer Muskelkraft Berge versetzen.

Die Auflage ist so filigran, dass beim Gewicht eines Menschen der obere Felsen zu wackeln beginnt und man sich wie auf einem gewaltigen Surfbrett aus Granit fühlt. Neben seiner prähistorischen Bedeutung hat der Jungfraustein bis ins Jahr 1779 die Grenze zwischen Österreich und Bayern markiert und ist heute das markante Ziel ausgedehnter Wanderungen. Von Natternbach aus sind Sie je nach Fitness zwischen eineinhalb und zwei Stunden unterwegs, von der Pfarrkirche geht es den Natternbach entlang auf die historische Route des Römerwegs, vorbei an Turnstein und Schopfkapelle zum »Swinging Rock«. Rasten, hinsetzen und den Blick über das Voralpenland bis zum verschneiten Dachstein genießen, heißt die Devise, bevor es über sanft abfallende Hügel zurück nach Natternbach geht.

Wer die Sagen rund um den Jungfraustein kennt, dem wird ein bisschen mulmig, wenn er auf der wackeligen Oberfläche balanciert. Bei heidnischen Festen zu Ehren der Göttin Freya sollen hier Mädchen zuhauf geopfert worden sein, um Fruchtbarkeit und reiche Ernten zu erbitten. Grauslich, grauslich, daher besser eine andere Assoziation: Irgendwie erinnern die beiden Felsen an einen Wackel-Dackel auf der Auto-Hutablage in den 1970ern – damals wurde nur der gute Geschmack geopfert.

Adresse Ausgangspunkt der Wanderung in 4723 Natternbach | **Anfahrt** B 129 nach Natternbach, die Wege zum Jungfraustein sind ausgeschildert | **Öffnungszeiten** jederzeit zu besichtigen | **Tipp** In der nahen Ortschaft Kopfing gibt es den »Baumkronenweg« – auf gesicherten Holzstegen lernt man die Vielfalt der Natur kennen.

64 Die Heim.Art

Vom Traundampfer zum Totenschiff

An der Bahnstation Neufelden haben die russischen Besatzer in den 1950ern ein Lagerhaus gebaut, das als strenger Zweckbau mit großem Silo ein Wahrzeichen darstellt. Hier endet ein Gleis der Mühltalbahn und wäre wohl längst von Gras überwuchert, hätte nicht die Kunstinitiative Heim.Art rund um Joachim Eckl das ehemalige Samenlager belebt und zu einem Gesamtkunstwerk werden lassen, das Haus und Hof beinhaltet. Im Außenbereich steht ein Turm, bestückt mit Autoreifen, deren gefahrene Kilometer Bewegung und Profil symbolisieren und die heute als Vogelnistplätze dienen. Daneben ruht ein wundersam im Gras gestrandetes goldenes Schiff – diese Barke diente in Viscontis »Ludwig II.« als pittoresker Hintergrund, fuhr später als Traun-Dampfer und kam hier zur letzten Ruhe.

In der ägyptischen Mythologie reisten die toten Götter mit dem »Goldschiff Sonne« am Himmel entlang, für die Menschen verschmolz die reale Wahrnehmung des Himmelskörpers mit ihrer Idee von überirdischen Kräften – ein wunderbar bildliches Denken! Auf den Rangiergleisen parken Kölner Karnevalswaggons, die in beide Richtungen fahren, für alles offen sind und »Art-Vehikel« der kreativen Einfälle symbolisieren. Das Haus selbst offenbart weitläufige Ausstellungsräume und »Fremdenzimmer« für internationale Künstler, die hier temporär ihre Heimstatt finden, arbeiten und ausstellen können. Besucher sind nicht Betrachter, sondern tauchen ein in die Welt der Kunstschaffenden und können dadurch Werk und Arbeit besser verstehen. Durch den ständigen Wechsel wird die Grundidee Joachim Eckls transportiert, dass Kunst als sozialer Organismus funktioniert, der von immer neuen Menschen belebt und in Gang gehalten wird. Die wichtigsten Komponenten dieses Projekts sind Vorstellungskraft und Persönlichkeit aller Beteiligten – hier wird Energie in Tatsächliches umgesetzt und für jeden zugänglich gemacht.

Adresse Etzleinsberg 19, 4120 Neufelden, direkt neben der Bahnstation Neufelden |
Anfahrt von der B 127 kommend in Neufelden abfahren und zur Bahnstation Neufelden
fahren, die Heim.Art ist nicht zu übersehen | **Öffnungszeiten** Fr 17–21 Uhr, Sa 13–19 Uhr,
So 11–17 Uhr, am besten bei Joachim Eckl unter Tel. +43/(0)664/1618028 anmelden |
Tipp Am gegenüberliegenden Ufer der Großen Mühl liegt der Mühltalhof mit moderner
Architektur und exquisitem Restaurant.

65 Der Timewalk

Long Man and Stone Circle

»Take a walk on the wild side …« – in diesem Klassiker der Popgeschichte besingt Lou Reed einen Spaziergang im dunkelsten Viertel New Yorks. Doch es gibt Wege abseits von Häuserschluchten, Hydranten und Bars.

In Neukirchen am Walde ist das totale Gegenprogramm angesagt: Auf dem »Timewalk« ist der Einklang mit der Natur Programm, und Besucher mit »durchgeputztem« Karma sind höchstes Gebot. Auf einem großen Bauernhof haben Birgit und Ben Chalcraft eine Welt geschaffen, die sich auf die Spuren unserer Wurzeln begibt und eine Alternative zur alltäglichen Hektik bietet. Der Erlebnispark ist eine wahrlich englische Angelegenheit, Kitchen Garden, Tree House und Secret Garden inklusive – kein Wunder, denn Birgit lernte Ben in Cornwall kennen, wo sie beide als Landschaftsgärtner arbeiteten. Der »Timewalk« spiegelt ihre Lebenseinstellung wider: Er soll das Urwüchsige und Elementare unserer Erde mit dem Menschen von heute verbinden, die Natur wird weitestgehend sich selbst überlassen, menschliche Eingriffe werden von Hand und mit natürlichen Materialien gesetzt. Der Weg führt von Hecken geschützt am Kräutergarten vorbei zum Amphitheater und weiter zur Nachbildung des mystischen »Long Man of Wilmington«, einem überlebensgroßen Scharrbild. Ähnlich archaisch und meditativ wirken das »Earth Labyrinth« und ein Steinkreis, der einen Hauch von Stonehenge vermittelt – zum Abschluss kann man sich im »Future Garden« ein Bild davon machen, wie eine zukünftige naturbelassene Landschaft aussehen kann.

Wer das nächste Mal eine Rosamunde-Pilcher-Verfilmung anschaut und von den grünen, sanften Hügeln Cornwalls in Entzücken versetzt wird, kann seine Sehnsucht sofort stillen und sich auf den »Timewalk« begeben. Kinder sind besonders willkommen und lernen hier die Welt von einer anderen, ursprünglichen Seite kennen – jenseits von Bordsteinen und Autoabgasen.

Adresse Frankengrub 2, 4724 Neukirchen am Walde, Tel. +43/(0)664/73411515, www.timewalk.at, Ben und Birgit Chalcraft | **Anfahrt** B 130 nach Neukirchen am Walde, weiter nach Frankengrub, der »Timewalk« ist ein weitläufiges Gelände | **Öffnungszeiten** April–Okt. 10–19 Uhr, Nov.–März 10–16 Uhr | **Tipp** Wer am »Timewalk« Lust auf wildes Leben bekommen hat, kann in der »Indianerwelt« im benachbarten Natternbach gleich Pfeil und Bogen auspacken.

66___Das Mostmuseum

Mit herbem Charme

Franz Stelzhamer, der Schöpfer der oberösterreichischen Landeshymne, sah ein wenig aus wie Rübezahl und war profunder Kenner eines lokalen Lebenselixiers: »Unseren Wein nennt man Most.« Dieser Leitsatz passt hervorragend in das Mühlviertel als Heimat eines feinherben Saftes aus Äpfeln und Birnen, der seit Jahrhunderten durstlöschend und belebend wirkt. Das Mostmuseum in Trosselsdorf huldigt in einem perfekt erhaltenen Presshaus dieser »Landessäure«. Das Gebäude weist den typischen Mühlviertler Verputz auf, bei dem rarer Granit bei Hausmauern mit Kalk ausgefugt wurde. Im Inneren erfährt man alles über die Mosterzeugung früherer Tage – inklusive der Präsentation eines mächtigen »Göppels«, der einem Hammer gleich das Obst zerquetschte. So schwer war dieser Holzschwengel, dass ein Pferd den »Antrieb« vornehmen musste: Im ersten Stock des Presshauses drehten die Nutztiere geduldig ihre Runden – ob sie als Belohnung einen Eimer Most bekamen, ist nicht überliefert! Anschließend wurde der Saft von der Obstmaische getrennt, floss in den darunterliegenden Keller und reifte in großen Fässern zum frischherben Getränk. Technisch hat sich eine Menge getan, und der Obstsaft ruht mittlerweile in Stahltanks, doch der Vorgang des Zerstampfens, Pressens und Vergärens ist derselbe geblieben. Von der Qualität des Mostes kann sich der Besucher im hauseigenen Wirtshaus überzeugen – am besten zum heimeligen Kachelofen setzen und ein Mostbratl aus dem Holzofen als feste Unterlage genießen.

Moden und Produkte werden dem Geschmack neuer Generationen angepasst, dem durch Begriffe wie »Mostschädl« etwas verunglimpften Getränk wurde ein neues Image verpasst. »Cider« klingt flotter, internationaler und entspricht dem Zeitgeist … sei's drum, wichtig ist nicht der Name, sondern die Qualität und Süffigkeit des Mostes, dann bleibt der Kopf klar, und der Gaumen erahnt den sommerlichen Hauch einer Streuobstwiese.

Adresse Trosselsdorf 9, 4212 Neumarkt im Mühlkreis, Tel. +43/(0)7941/8217 oder +43/(0)664/3819438, www.ooemuseumsverbund.at/museum/201_mostmuseum | **Anfahrt** B 310 Richtung Freistadt nach Neumarkt im Mühlkreis, Landstraße nach Trosselsdorf | **Öffnungszeiten** jeden Sontagnachmittag drei Führungen durch das Museum, das Wirtshaus ist bis auf Di täglich 8–2 Uhr geöffnet | **Tipp** Nach der Brettljause geht es zur geistigen Erbauung in die Pfarrkirche von Neumarkt. Hier erwartet einen Gotik vom Feinsten!

67__Der literarische Wanderweg

Die innere Landschaft

Wer eine schwache Lunge hat, sollte viel Zeit an der frischen Luft verbringen. Thomas Bernhard litt seit jungen Jahren an Erkrankungen der Atemwege und verbrachte viele Monate in Krankenhäusern und Heilanstalten. Inwieweit diese Gebrechen sein geniales Schaffen beeinflusst haben, ist Inhalt zahlreicher wissenschaftlicher Diskurse – der literarische Wanderweg rund um Ohlsdorf ist ein Vermächtnis, dem man »nachgehen« kann. Die Bernhard-Experten Martin Huber und Manfred Mittermayer haben anlässlich der Landesausstellung 2008 auf 15 Stationen ein Gesamtprojekt geschaffen, das auf mehreren Ebenen Bernhards Œuvre würdigt. Zwischen Ohlsdorf und Steyrermühl stehen Metallobjekte, meist dem Lieblingsmöbel Bernhards, dem Ohrensessel, nachempfunden. Der Wanderer kann auf dem Stuhlrücken eingravierte Zitate lesen und per Headset längere Textausschnitte hören – so werden Assoziationsketten ausgelöst, ganz im Sinne des Meisters endloser Gedanken. Der Besucher lernt eine Gegend kennen, der Bernhard in seiner einzigartigen Zerrissenheit ambivalent gegenüberstand, eine Landschaft rund um seinen Hof, in dem er sich nach eigenem Bekunden »eingemauert« hatte. Kleine Textprobe vom Ohrensessel gefällig? »Die Österreicher haben nicht den geringsten Geschmack, jedenfalls schon lange Zeit nicht mehr, wo man hinschaut, herrscht die allergrößte Geschmacklosigkeit. Ein so dummes Volk, sage ich, und ein so herrliches Land, dessen Schönheit andererseits unübertroffen ist.« … da spürt man doch eine versteckte Zuneigung, oder?

Die Initiatoren des Rundgangs betonen, dass ein stumpfes Abschreiten Zeitverschwendung wäre. Es soll nicht bloßes Gedenken, sondern Nachempfinden und Spüren eines literarischen Lebensweges sein – Bernhard beschrieb nach eigener Aussage ja keine Naturerscheinungen, sondern innere Landschaften, die im Bewusstsein seiner Protagonisten angesiedelt waren.

Adresse Obernathal 2, 4694 Ohlsdorf – hier beginnt der Weg; Infos bei Frau Pflügl, Tel. +43/(0)676/846940114, gemeinde@ohlsdorf.ooe.gv.at | **Anfahrt** von der A 1 bei Laakirchen West abfahren, B 144 in Richtung Laakirchen, L 1303 bis Ohlsdorf, das Thomas-Bernhard-Haus in Obernathal ist ausgeschildert | **Öffnungszeiten** jederzeit zu begehen | **Tipp** Die neugotische Lourdeskapelle im nahen Hildprechting beheimatet eine geweihte Statue der Maria Lourdes – für Menschen, die das »Besondere« lieben.

68__ Die Filmszene

Glücklich seien die Cineasten, und satt!

Die Kino-Welt im 3. Jahrtausend: Rundum dominieren Megaplexe und Giga-Filmpaläste das Geschehen. Kleinere Lichtspieltheater können sich oft nur mit außergewöhnlichen Konzepten behaupten. Eine dieser Kino-Perlen findet sich in Ottensheim vor den Toren von Linz. Die »Filmszene« bietet ein filmisch-gastronomisches Erlebnis, das Cineasten glücklich macht und in Österreich seinesgleichen sucht.

Der Kinosaal präsentiert sich als Wohnzimmer im XXL-Format. Linker Hand zieht eine stimmungsvoll beleuchtete Bar die Blicke auf sich. Hier kann man Getränke und Snacks bestellen, bevor man sich auf einem bequemen Lederfauteuil oder einem Sofa der cineastischen Vorfreude hingibt. Auf Beistelltischen wird wenig später die Bestellung platziert. Ein kühles Bier etwa, selbstverständlich serviert in einem Glas, nicht einem Becher aus Pappe oder Styropor. Vielleicht eine Knoblauchstange dazu oder ein Schinken-Sandwich? Andere bevorzugen Pizza, wieder andere stimmen sich bei Kaffee und Kuchen auf den Filmgenuss ein.

Der Service am Tisch war immer Bestandteil des Kinokonzepts, erzählt Beate Haller-Fischerlehner. Ihre Familie betreibt die »Filmszene« in vierter Generation. Die Konsumation trägt zum Gesamtumsatz einiges bei, doch die Liebe zum Film und eine gute Hand bei der Filmauswahl sind ebenso wichtig. Zum Publikum zählen viele Stammgäste aus dem Großraum Linz, die es zum nächsten Filmpalast wohl näher hätten, die persönliche »Kino-bei-Tisch«-Atmosphäre ohne Hektik jedoch bevorzugen. Bevor der Vorhang aufgeht, bleibt etwas Zeit, um all die nostalgischen Details aufzusaugen. Die dunkelbraune Holzvertäfelung etwa, die Behaglichkeit vermittelt, oder die alten Filmplakate. Viele stammen aus der Ära, als James Bond noch von Sean Connery gespielt wurde. Auf der Leinwand setzt das kleine Kino dagegen auf modernste digitale Technik. Alt und Neu ergeben ein stimmiges Paket.

Adresse Bahnhofstraße 14a, 4100 Ottensheim, Tel. +43/(0)7234/84466, www.facebook.com/pages/Filmszene-Ottensheim/513199522037190 | **ÖPNV** S-Bahn von Linz-Mühlkreisbahnhof nach Ottensheim, dann auf der Bahnhofstraße in Richtung Ortszentrum, das Kino liegt linker Hand gegenüber der Polizei | **Anfahrt** B 127 nach Ottensheim, in die Bahnhofstraße einbiegen | **Öffnungszeiten** Filmbeginn Mo–Mi, Fr 20 Uhr, Sa, So ab 17 Uhr, Reservierung erwünscht | **Tipp** Machen Sie einen Spaziergang über die Bahnhofstraße zum hübschen Marktplatz (Fr ab 14 Uhr Genussmarkt) und weiter zur Donau hinab – Cafés gibt es auf der Strecke zuhauf.

69__Die Ratgöbluckn

Vom Erdboden verschluckt

Wenn man den Nachrichten Glauben schenkt, leben in Hongkong mehr als vier Millionen Menschen oberhalb des 16. Stockwerks. Die Luft ist dort oben vielleicht ein bisschen gesünder, doch die Verbundenheit mit Mutter Erde verkümmert vollkommen. Also, liebe Hongkonger, auf nach Perg in die Ratgöbluckn und ihr wisst wieder, was es heißt, ganz nah am Busen der Natur zu sein! Hier befindet sich ein 106 Meter langes System aus Gängen, Kammern und Nischen, das vor tausend Jahren aus Granit und Sandstein gehauen wurde. Solche unterirdischen Labyrinthe sind über Bayern und Österreich verteilt, doch besonders in Perg hervorragend erhalten.

Es gibt zwei Theorien bezüglich der mittelalterlichen Nutzung dieser Höhlen: Da es damals in der christlichen Mythologie noch kein Fegefeuer gab, wurden »Seelenkammern« angelegt, um den Toten einen Zufluchtsort vor der endgültigen Himmelfahrt oder dem Gang in die Hölle zu bieten. So konnte die Bevölkerung verlorene Seelen bequem »parken« und musste nicht fürchten, dass diese als Gespenster und Zombies Angst und Schrecken verbreiteten. Andere Wissenschaftler sind der Ansicht, dass Erdställe als Versteck vor marodierenden Horden angelegt wurden – wenn Feinde anrückten, konnten die Dorfbewohner buchstäblich vom Erdboden verschluckt werden. Im Zweiten Weltkrieg dienten diese unterirdischen Gänge als Bombenschutz, und während der großen Flüchtlingsströme aus dem Osten wurden sie kurzfristig zum Unterschlupf für Obdachlose.

Fakt ist: Wer die beklemmend engen Gänge hinter sich lässt, ist ganz froh, wieder die Sonne zu sehen. Aber Licht bedingt Schatten: Nach einer Tour ist man von etwaiger Klaustrophobie geheilt – doch wie schaut es mit Höhenangst aus? Rein in den Flieger und auf ins ferne Asien; dort weiß man, dass Leben in schwindelnder Höhe normal sein kann, wenn es zur Gewohnheit wird – vier Millionen Menschen können nicht irren!

Adresse Stefanienhain, 4320 Perg, Tel. +43/(0)7262/52387, heimathaus-stadtmuseum@perg.at | **Anfahrt** von der A 7 auf die Donaubundesstraße (B 3) abfahren, bis Perg und im Ort zum »Stefanienhain« | **Öffnungszeiten** der Erdstall wird vom Heimat-haus betreut; Führungen Sa, So 14–17 Uhr und nach telefonischer Voranmeldung | **Tipp** Das »Seifensiederhaus« im Zentrum von Perg gibt Auskunft über dieses altehrwürdige Gewerbe.

70__Die Zwergerl-Helga

Im Bannkreis der Zipfelmützenträger

Knollennasen, Rauschebärte und Zipfelmützen, wohin das Auge blickt. Sie erwarten einen schon am Straßenrand in ihrer typischen pausbäckigen Geschäftigkeit; sie stehen an der Hausmauer in Habachtstellung; vom Balkon grüßen sie herab, alle Fensterbänke haben die Gartenzwerge kolonisiert, sie umzingeln den Eingangsbereich des kleinen Hauses am Kirchenplatz von Pfaffstätt und sind in Massen dort zu sehen, wo ihre eigentliche Wiege steht: im Garten.

Helga Eidenhammer hat seit 1990 die wohl größte Gartenzwergsammlung der Welt zusammengetragen. 4.295 Zipfelmützenträger waren mit Stand 2013 registriert. Doch da die »Zwergerl-Helga« in der Gegend bekannt ist und so mancher ausrangierte Gartenzwerg von der Müllhalde direkt zu ihr in Pflege gebracht wird, ist die Schar seither angewachsen.

Der Anblick ihres von Wichteln belagerten kunterbunten Hauses ist überwältigend. Von wenigen Zentimetern bis zu 1,10 Meter beträgt die Größe ihrer Untermieter. Einige rauchen Pfeife, manche tragen eine Laterne, einen Ziehharmonika-Spieler gibt es auch. Witzige Details erfreuen das Auge: hier ein Gartenzwerg, dem ein Messer im Rücken steckt, dort einer mit schwarzer Hautfarbe; manchmal lockert ein Schneewittchen die Zwergen-Phalanx auf. Lebensgefährte Sepp ist Fußballfan – er hat einen Bayern-München-Gartenzwerg neben einem von Borussia Dortmund platziert. Anhänger und Servietten mit Gartenzwerg-Motiven sind zu sehen, und in der Garage steht Helgas Auto mit dem Wunschkennzeichen »Zwerg 1«.

Die Sammlerin freut sich über jeden, der ihrem Universum einen Besuch abstattet. Die Versorgung ihrer großen Familie nimmt viel Zeit in Anspruch, erzählt sie. Im Winter widmet sich die »Zwergerl-Helga« täglich bis zu fünf Stunden der Gartenzwergpflege: Es wird gebürstet, gekittet und neu bemalt, denn das nächste Frühjahr kommt bestimmt. Und dann müssen ihre Lieblinge wieder ihr Plätzchen an der Sonne einnehmen!

Adresse Kirchenplatz 9, 5223 Pfaffstätt, Tel. +43/(0)664/6574106 | **Anfahrt** B 147 oder Mattseer Straße nach Pfaffstätt, im Ortszentrum in den Kirchenplatz einbiegen, bei der Kirche parken und zurück zum Ziel auf der linken Seite gehen | **Öffnungszeiten** Mai–Okt., das Haus ist von außen frei zu besichtigen | **Tipp** Mattighofen im Norden ist die Heimat der KTM-Motorräder – ab Ende 2017 wird die Geschichte der Weltmarke in einem nagelneuen Museum an der Einfahrt zum Stadtzentrum präsentiert!

71 Der Tierpräparator
Wie aus Fleisch und Blut

Was haben Schah Reza Pahlavi, Aristoteles Onassis und viele Oberösterreicher normaler Herkunft gemeinsam? Die Antwort findet sich im »Salzkammergut Tierweltmuseum«: Potentaten aus aller Welt ließen sich hier von Präparator Alfred Höller ihre Jagdtrophäen ausstopfen und trauernde Hinterbliebene ihre verblichenen vierbeinigen Lieblinge für die Nachwelt erhalten.

In Pinsdorf werden sagenhafte 2.600 Exponate zur Schau gestellt, und der Besucher hat die Möglichkeit, Tiere hautnah betrachten zu können, ohne befürchten zu müssen, gefressen, gestochen oder getreten zu werden. Diese Geschöpfe halten still und vermitteln trotzdem den Eindruck, jeden Moment im Gebüsch zu verschwinden – so lebensecht werden Fell und Federn, Gestalt und Anmut konserviert. Tochter Patricia Höller hat die Leidenschaft für den Beruf von ihrem Vater geerbt und das Museum übernommen: »Der Tod eines Tieres geht vielen Menschen nahe, wir sorgen dafür, dass die Lieblinge in besonderer Form erhalten bleiben, so ist der Abschied nicht endgültig!«

Alle Exponate aufzuzählen würde den Rahmen sprengen, nur so viel: Es gibt keinen Winkel unseres Planeten, dessen Fauna fehlt – vom Eichkätzchen bis zum Zebra, vom Luchs bis zum Geparden und vom Orang Utan bis zum Nashorn, die Familie Höller hat allem, was kreucht und fleucht, das Fell über die Ohren gezogen. Neben Königen und Milliardären ging im Tiermuseum ein ganz besonderer Gast ein und aus: Thomas Bernhard verweilte viele Stunden in der »Höller'schen Dachkammer« und verarbeitete seine Beobachtungen beim Ausstopfen eines Auerhahns im Roman »Korrektur«. Die Lage des Hauses an einer Engstelle der reißenden Aurach und die Unermüdlichkeit und Genauigkeit der Arbeit Höllers ließen den Schriftsteller tief in sein schreiberisches Portfolio greifen – dröhnendes Wasser und ein dunkler Vogel sind ja auch eine herrliche Mischung.

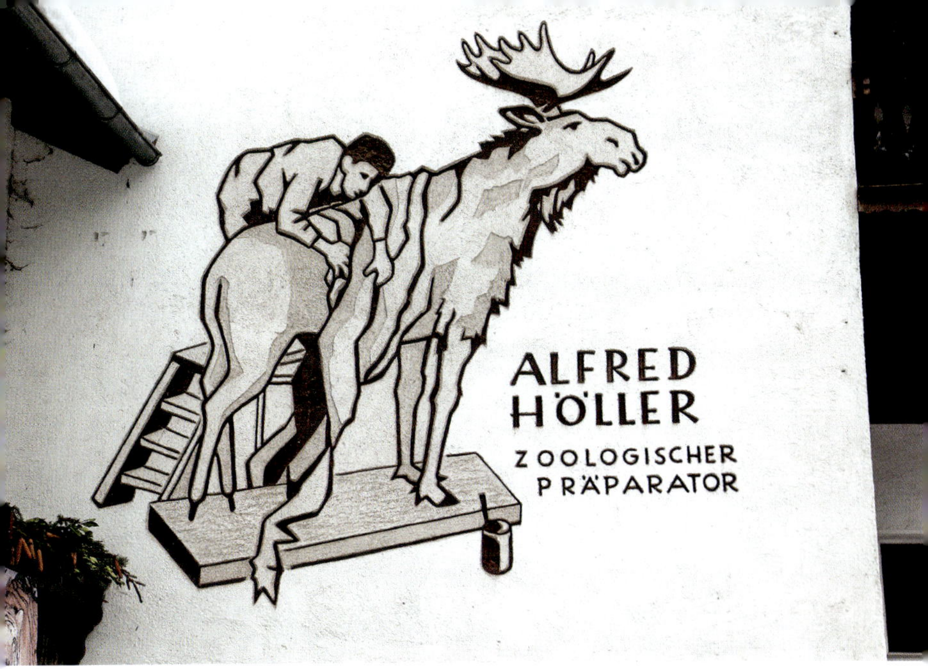

ALFRED HÖLLER

ZOOLOGISCHER PRÄPARATOR

Adresse Aurachtalstraße 61, 4812 Pinsdorf, Tel. +43/(0)7612/64454, office@tierweltmuseum.at | **Anfahrt** von der A 1 Abfahrt Regau, B 145 in Richtung Pinsdorf, im Ort in die Aurachtalstraße einbiegen | **Öffnungszeiten** Mo–Fr 8–12 und 14–17 Uhr, ansonsten nach telefonischer Voranmeldung | **Tipp** Die neuapostolische Kirche in Pinsdorf verfügt über eine eigenwillige Architektur, Thomas Bernhard wäre dazu sicher etwas eingefallen.

72__Das Feldaisttal

Die versteckte Perle

Die Begriffe »Feld« und »Tal« implizieren einen Widerspruch, denn auf ebener Fläche befinden sich selten tiefe Täler. Die Feldaist, wie der Name schon sagt, fließt über weite Strecken durch landwirtschaftliches Gebiet, doch glücklicherweise wandelt sich der untere Abschnitt in ein klassisches Durchbruchstal, tief in den Granit eingegraben und von betörender Naturschönheit. Von steilen, mit Moos und Farnen bewachsenen Felshängen und dichten Mischwäldern gesäumt, rauscht und gurgelt das Wasser Richtung Pregarten. Dieser intensive Druck führt, verstärkt durch rotierende Steine, zu spiegelglatten Auswaschungen, die in ihrer jahrtausendealten Perfektion und vollendeten Form faszinierend anzusehen sind.

In diesem ursprünglichen, von Menschenhand unberührten Biotop kann der Wanderer eine erstaunliche Tierwelt betrachten. Über die umspülten Felsen huschen Feuersalamander, Buntspechte bearbeiten die Bäume mit donnernden Schnäbeln, und Fischotter dürfen sich hier ungestört Forellen schmecken lassen.

Eine Besonderheit stellen die Flussperlmuscheln dar, denen durch Perlmuttgewinnung und Umweltverschmutzung hierzulande fast der Garaus gemacht wurde – im klaren Wasser und mitten im Naturschutzgebiet schimmern sie wieder vortrefflich. Kaum zu glauben, dass unweit landwirtschaftlicher Kulturen und der Mühen der Ebene solcherlei Pracht gedeiht.

Besondere Attraktionen des Tals sind die vielen Mühlen am Wegesrand, die zwar allesamt nicht mehr in Betrieb sind, jedoch anderweitig verwendet werden. In die Kriehmühle kann man einkehren und sich am hauseigenen Badeplatz abkühlen. Die Kumpfmühle wurde von Besitzer Friedrich Robeischl als Museum eingerichtet: Mittels eines »Wasserradsprudlers« wird die »Venezianersäge« angetrieben – übrigens von Leonardo da Vinci erfunden – und lässt den Besucher die Kraft der Feldaist und ihrer rauschenden Fluten spüren.

Adresse am Kirchenplatz, 4230 Pregarten | **Anfahrt** A 123 bis nach Pregarten zum Kirchenplatz | **Öffnungszeiten** Das Tal ist jederzeit zu bewandern. | **Tipp** Besuchen Sie am Ende des Weges die Pfarrkirche von Kefermarkt – der turmhohe Flügelaltar steht dort seit 500 Jahren.

73 Der Pranger

Schuld und Sühne

Das Internet hat eine neue Form der Brandmarkung hervorgebracht: den sogenannten »Shitstorm«. Wer Mist baut oder in den Augen der Öffentlichkeit auf dem falschen Weg wandelt, wird gnadenlos niedergemacht und in Grund und Boden »gepostet«. Da wird nicht lange nachgefragt oder recherchiert, Hauptsache, es gibt eine Gaudi und Gesprächsstoff für lose Mäuler.

In gewisser Hinsicht erinnert das an ein Mahnmal am Hauptplatz von Putzleinsdorf – dieser Pranger war weiland in regem Betrieb, und jeder »rechtschaffene« Bürger konnte sein Mütchen an den Delinquenten kühlen. Der Ort ist tausend Jahre alt und bietet in seiner Geschlossenheit ein schönes Bild dörflicher Eintracht. Rund um den Platz reihen sich alte Bürgerhäuser, Kirche und Rathaus schließen den Kreis, dessen Blickfang der 1580 aufgestellte Pranger ist. Kurz zuvor war unter Freiherr Georg von Herberstein die Markterhebung erfolgt und Putzleinsdorf der Gerichtsstatus zuerkannt worden. Am Salzweg nach Böhmen gab es viel zu stehlen, und deswegen ließ die Herrschaft zur Abschreckung und Bestrafung den steinernen Schandpfahl errichten. Wer hier angebunden wurde, stand außerhalb der Gesellschaft und wurde nach Vollzug mit Schimpf und Schande aus dem Dorf gejagt. Einem Obelisken ähnlich ruht die Säule auf drei kreisrunden, aufsteigenden Steinstufen und einem Sockel in Würfelform, verjüngt sich zu einer kegelförmigen Spitze, auf deren Krone eine Windfahne mit dem Emblem des österreichischen Kaiserhauses steckt.

Das Spiel von Schuld und Sühne ist so alt wie die Menschheit selbst, im weltumspannenden Netz allerdings kann jeder zum Richter und Sündenbock werden. Der Unterschied zum Pranger am Marktplatz liegt in der Zeitspanne der Bestrafung: Damals war die Tortur irgendwann beendet, heute bleiben schlechte Nachrichten für immer kleben – das sollten sich Menschen überlegen, bevor sie in die Tastatur hämmern.

Adresse Marktplatz, 4134 Putzleinsdorf | **Anfahrt** von der B 127 bei Altenfelden in Richtung Putzleinsdorf, der Pranger steht am Marktplatz | **Öffnungszeiten** jederzeit zu besichtigen | **Tipp** In der Nähe liegt die Ortschaft Hühnergeschrei – ein Selfie mit der Ortstafel lohnt sich!

74 Die Klosterbäckerei

Sauerteig auf Steinplatten

Ob man in ein saftiges Steak beißt, gegrillte Garnelen verspeist oder eine Gemüseplatte frisch vom Feld genießt, was darf als Beilage nicht fehlen? Richtig: Brot! Österreich ist weltweit das Land mit der größten Vielfalt an Sorten und Varianten dieses duftenden Backwerks, und in Ranshofen steht die älteste Bäckerei des Landes. »Gegründet 1125« prangt in gotischen Lettern an der Fassade der Klosterbäckerei Höllbacher, seit fast 900 Jahren glüht der Ofen, und die Backstube verwöhnt Menschen von nah und fern mit dem elementarsten aller Nahrungsmittel.

Damals hießen Bäcker »Pfister«, und Ranshofen war eine Kaiserpfalz, deren Beamte und Entourage mit Mehl aus der »Mühle im Priel« und Brot aus der Klosterbäckerei eingedeckt wurden. Der Standort wechselte in der weitläufigen Anlage einige Male, zuerst war er neben der Klosterküche, später im Prälaturtrakt gleich neben Schenke und Brauerei. Das Kloster wurde 1811 durch die napoleonische Regierung sogar aufgelöst und später in eine Schlossanlage mit Gutsbetrieb umgewandelt, doch die Backstube stand niemals still. Während des Zweiten Weltkriegs eine große Versorgungsstation für das nahe gelegene Aluminiumwerk, wurde der Betrieb später von Maria Höllbacher übernommen und zu einem Familienbetrieb zurückgeführt.

Heute besteht die Klosterbäckerei in der vierten höllbacherschen Generation, und die Backprofis besinnen sich ganz bewusst ihrer natürlichen Wurzeln. Dass alle Produkte aus erstklassigen Rohstoffen hergestellt werden, versteht sich von selbst, doch eine Besonderheit sticht hervor: Nach streng geheimer Rezeptur wird dreimal am Tag ein Sauerteig angerührt und auf Steinplatten gebacken, selbst an Sonntagen kann man diese Rarität kaufen. Einzigartigkeit und Qualität sind die Chance, neben industriell gefertigten Semmeln und Kipferln bestehen zu können … dann dürften die nächsten 900 Jahre kein Problem sein.

Adresse Wertheimerplatz 7, 5282 Ranshofen am Inn, Tel. +43 (0)7722/63194 | **Anfahrt** B 156 nach Ranshofen und zum Wertheimerplatz | **Öffnungszeiten** 5.30–12.30 und 14.30–17.30 Uhr | **Tipp** Am Pilgerweg Via Nova kann man ein wenig Besinnung in einer hektischen Zeit finden.

75 Der Hintergebirgsradweg

Wilde Schluchten, tiefe Wälder

Reichraminger Hintergebirge – schon lautmalerisch geht von dieser Ecke Oberösterreichs ein Lockruf aus. Das klingt wie das Ende vom Ende der Welt, das will erkundet werden! Trifft sich gut, dass in das Herz der unberührten Wildnis eine der schönsten Radtouren des Landes führt. Ausgangspunkt für die R9-Schleife ist der Ort Reichraming. Langsam dünnen die Spuren der Zivilisation aus, auf Asphalt folgt Schotter, und schon wachsen links und rechts die Felswände und Waldrücken jäh in den Himmel. Die Route folgt dem Reichramingbach, der manchmal unschlüssig in seinem Bett mäandert, dann wieder blaugrün schimmernde Becken bildet und zu einem herrlich erfrischenden Bad einlädt.

Schautafeln vergegenwärtigen die schwere Arbeit der Holzknechte, die Baumstämme aus der tiefsten Waldeinsamkeit nordwärts zur Enns schwemmten. Ein rechter Holzknecht verputzte am Tag so seine 7.000 Kalorien, heißt es an der »Schmalz-für-Schmalz«-Infostation. Gefahr lauerte an den Engstellen, etwa an der Großen Klause, wo die Felsklippen beinahe über dem Betrachter zusammenwachsen und ewige Dämmerung herrscht. Das nächste Transport-Kapitel schrieben Eisenbahn-Pioniere. Bis 1971 verband eine auf Schmalspur verkehrende Waldbahn das Hintergebirge mit der Enns. Geblieben sind die in den Stein getriebenen, grob behauenen und heute solarbefunzelten Tunnel. Beinahe 400 Meter misst der längste von ihnen.

Das ehemalige Gleisbett gibt eine erstklassige Trasse ab. Die Steigung ist so unmerklich, dass auch Kinder kaum klagen – der R9 steht unter den Radwegen für Familientraum statt Familientrauma! Ehrgeizige radeln über den Hirschkogel-Sattel und den einstigen Holzfäller-Weiler Brunnbach zurück nach Reichraming. Wer die 200 Höhenmeter Steigung scheut, dreht einfach um und lässt sich talauswärts rollen. Ein Stopp bei der Großen Klaushütte ist Pflicht, allein schon wegen der Hirschkäsekrainer!

Adresse 4462 Reichraming (Ausgangspunkt), Tel. +43/(0)7254/8414 (Nationalpark-Auskunft), www.nationalparkregion.com/rad-mountainbike/hintergebirgsradweg | **Anfahrt** vom Gemeindeamt der Markierung R9 Hintergebirgsradweg folgen | **Öffnungszeiten** ganzjährig, bei Schnee und Eis aber nicht anzuraten | **Tipp** Berückende Einblicke in die Wildnis Kalkalpen liefern das Waldkino und die Erlebnisstationen im Nationalpark-Besucherzentrum Ennstal auf dem Weg nach Großraming (Eisenstraße 75, Telefon siehe oben).

76_ Die Bräuerkapelle

Der brennende Pulverturm

Oft lohnt es sich, das auf den ersten Blick Überwältigende hintan-zustellen und sich auf die Suche nach versteckten Geheimnissen zu begeben: Die Stadtpfarrkirche in Ried ist ein wahres Meisterwerk des Hochbarocks mit wuchtigem Hauptaltar, marmorner Kanzel, Chor-gestühl und dreifach vorgeschwungener Orgel-Empore.

Doch in einer Nische des Hauptschiffs wartet etwas Besonderes auf den Kenner: Die Bräuerkapelle – gefertigt 1669 von Thomas Schwanthaler, einem Spross der weltberühmten Bildhauerfamilie, der mit diesem Werk einen Beweis seiner künstlerischen Perfekti-on erbrachte. Im Mittelpunkt des dreiteiligen Altars steht ein quer-formatiges Gemälde, das den Wetterheiligen Donatus in vollplas-tischer Darstellung zeigt, im Begriff, den Markt Ried aus höchster Gefahr zu retten.

Unter ihm, auf der ältesten Ansicht der Stadt, brennt der Pul-verturm und droht zu explodieren – doch der Heilige hilft mit Blitz, Donner und einem Wolkenbruch, den er auf die Flammen niedergehen lässt. Die Feuersbrunst wird wie durch ein Wunder gelöscht und das dem Untergang geweihte Ried auf göttliche Wei-se gerettet. Flankiert wird diese dramatische Szene von Darstel-lungen der Heiligen Josef und Joachim, von Engeln und kunstvoll geschnitzten Goldornamenten ganz im Stil des Barocks. Typisch auch der darüberliegende Muschelbaldachin, in dessen Tiefe ein Bischof das Volk segnet. Den Abschluss dieses Ensembles bildet eine Gruppe um den Erzengel Raphael – sie wurde nachträglich aufgesetzt und wird dem Schwanthaler-Schüler Andreas Thamasch zugeordnet.

Gleich in der nächsten Nische ist der »Rieder Ölberg« des glei-chen Meisters zu bestaunen. Doch im Gegensatz zum schwarz-gol-denen Prunk des Altars wartet hier eine naturalistische Darstellung: lebensgroße Figuren aus braunem, unbemaltem Holz – man hat das Gefühl, den ruhigen Atem der schlafenden Apostel zu spüren.

Adresse Stadtpfarrkirche, Kirchenplatz, 4910 Ried im Innkreis, Tel. +43/(0)7752/82005, stadtpfarre.ried@dioezese-linz.at | **Anfahrt** von der A 8 auf die B 141 Richtung Ried im Innkreis abfahren, weiter ins Zentrum zum Kirchenplatz | **Öffnungszeiten** täglich 8–18 Uhr | **Tipp** Der Dietmarbrunnen am Hauptplatz ist ein Werk Adam Vogls, eines Zeitgenossen von Thomas Schwanthaler.

77__Der Heimatdichter

»Wiar a Kinderl sein Muader«

Ried im Innkreis ist ein verträumtes Städtchen und hat einen seiner schönsten Plätze nach dem Mann benannt, der Oberösterreich – dem Mekka der Gesangsvereine – eine große Portion Identität schenkte. Der »Hoamatgsang« rann ihm 1841 aus der Feder, Hans Schnopfhagen komponierte eine geschmeidige Melodie dazu, und fertig war eine Landeshymne, die jedem ob der Enns ganz tief zu Herzen geht. »I han di so gern, wiar a Kinderl sein Muader, a Hünderl sein Herrn …« – hier werden die innersten Wurzeln der menschlichen Seele beschrieben.

Franz Stelzhamer wurde 1802 in Großpiesenham bei Ried geboren und zeichnete sich von Jugend an durch Freiheitsdrang und Geselligkeit aus. Zeitgenossen beschreiben ihn als Luftikus, ständig auf Achse und lieber im Wirtshaus als im Kontor. Diese höchst kommunikative Lebensart beschied Stelzhamer viele Freunde, viele Gespräche und noch mehr Ideen für seine Dichtkunst: Er schaute dem Volk aufs Maul und schrieb seine Erlebnisse in Mundart nieder – so entstanden Werke wie »Fenster'gsangln«, »D'Ahnl« sowie »Sohn und Mutter«.

Trotz seines flotten Lebenswandels, geprägt durch bierselige Nächte, zwei Ehen und oftmalige finanzielle Kalamitäten, war sein schriftstellerisches Schaffen bis ins hohe Alter reichhaltig. Unsterblichkeit an Donau und Traun erlangte er jedoch durch die einfühlsamen Zeilen der Landeshymne, damit stieg er auf in den dichterischen Olymp. Wenn oberösterreichische Gesangsvereine in der Fremde gastieren, gibt es viele Weisen, die Auswanderer und Einheimische gleichermaßen zu Begeisterungsstürmen hinreißen. Doch beim Anstimmen des »Hoamatgsangs« geht ein besonderer Ruck durch Interpreten und Publikum: Wie die Wiener Philharmoniker den Walzer spielen, tun es die Oberösterreicher bei ihrer Landeshymne – wen dieser Schmelz der Stimmen nicht in den Grundfesten berührt, der hat ein Herz aus Stein.

Adresse Stelzhamerplatz, 4910 Ried im Innkreis | **Anfahrt** von der A 8 auf die B 141
Richtung Ried im Innkreis abfahren, bis zum Stelzhamerplatz | **Öffnungszeiten** jederzeit
zu begehen | **Tipp** In der Brauerei Ried, Brauhausgasse 24, kann man sogar ein »Stelz-
hamer-Bier« kaufen – würzig und gehaltvoll!

78 Die Bärenriedlau-Hütte

Ruhe, wo Franz Ferdinand der Gämse nachstellte

Gämsen und Rotwild hatten in den oberösterreichischen Kalkalpen immer auf der Hut vor der Büchse zu sein. Während sich das Wilderermuseum Sankt Pankraz dem Thema Pirsch von der inoffiziellen Seite annähert, dokumentiert die einst von Österreich-Ungarns Thronfolger Franz Ferdinand gepachtete Jagdhütte Bärenriedlau im Gemeindegebiet von Roßleithen die »offizielle« Seite. Mehr als 270.000 Tiere soll der Habsburger Nimrod zu Hause und auf seinen Weltreisen abgemurkst haben – vom Elefanten bis zum Kolibri. In seinem wieder aufgelegten Roman »Der Thronfolger« schrieb Ludwig Winder über die Jagdleidenschaft des 1914 in Sarajevo ermordeten Franz Ferdinand: »Während des Schießens drang seine Männlichkeit in den Schoß der Natur ein und ergoss sich seine Wollust in Mord und Tod.«

Der Anmarsch über den Alpenvereinsweg 461 erfordert etwas Ausdauer. Das letzte Stück verläuft über südseitiges und felsiges Terrain, dann öffnet sich auf 1.334 Metern einer der schönsten Logenplätze des südlichen Sengsengebirges. Zwei Stockwerke, eine Loggia und eine Veranda weisen den sonnengeschwärzten Holzbau als Besonderheit unter den Jagdhütten aus. Schon vor 300 Jahren suchten hier Hirten und Jäger Unterkunft, Franz Ferdinand ließ die Bleibe um 1900 erweitern, und erst vor Kurzem erfolgte eine aufwendige Renovierung.

Schmetterlinge umschwirren das mit Schindeln verkleidete Ensemble, hinter dem Anwesen erstreckt sich eine vor Bergblumen und Kräutern strotzende Wiese. Wo einst die Büchsen im Akkord knallten, wenn der Thronfolger zur herrschaftlichen Gebirgsjagd lud, kann die Tierwelt heute aufatmen. Große Flächen des Sengsengebirges sind als Wildruhezone im Nationalpark Kalkalpen ausgewiesen. Der Blick schweift über das Windischgarstner Tal auf schroffe Kalkklötze und Grate. Speis und Trank ausgepackt – dann kann man das Bergidyll mit allen Sinnen genießen!

Adresse am Alpenvereinsweg Nummer 461, 4575 Roßleithen, www.kalkalpen.at | **Anfahrt** mehrstündige Wanderung ab Sankt Pankraz/Rohrauergut (um Parkerlaubnis ersuchen), von dort ausgeschildert | **Öffnungszeiten** von außen zu besichtigen, circa Mai–Okt., je nach Witterungs- und Schneelage | **Tipp** Die National Park Lodge »Villa Sonnwend« in Windischgarsten ist Anlaufstelle für Naturerlebnisse und geführte Wanderungen – auch zur Jagdhütte Bärenriedlau, Tel. +43/(0)7562/20592, www.villa-sonnwend.at.

79_Der Pießling-Ursprung

Aus dem Bauch der Erde

In allen Facetten von Grün und Blau schimmert es im Quelltopf, der am Fuße einer hunderte Meter hohen Kalkwand ans Tageslicht tritt. Der Spalt dahinter verliert sich im Dunkel – hier könnte der Eingang zur Unterwelt liegen, in der Orpheus seine Eurydike suchte oder die Maya vor tausenden von Jahren den Gottheiten der Unterwelt Opfer darbrachten. Mystischer als am Pießling-Ursprung gestaltet sich das Wechselspiel aus Wasser und Fels an keinem anderen Ort der Oberösterreichischen Kalkalpen.

Seinen Ausgang nimmt das Naturschauspiel auf dem Warscheneck-Massiv, das hoch über den Besucher emporragt. Ein System aus Rissen, Spalten und Klüften entwässert den Kalkstock. Nach seiner Reise durch das Berginnere sammelt sich das Nass in unterirdischen Kammern und drängt ungestüm wieder ins Freie – an keiner Stelle aber mit so viel Druck wie am Ursprung der gerade mal sieben Kilometer langen Pießling. Ihre durchschnittliche Ausschüttung von 2.000 Litern pro Sekunde macht die Karstquelle zu einer der größten der Ostalpen. Wenn ein Unwetter über das Gebirge herabgegangen ist oder der Winter besonders schneereich war, steigert sich der Ausstoß noch um ein Mehrfaches. Diese Urkraft hat Höhlentaucher bisher daran gehindert, den Verlauf des unterirdischen Flusses genauer zu erkunden.

An der Oberfläche ist von dieser Power auf den ersten Blick wenig zu erkennen – beinahe spiegelglatt präsentiert sich die Wasserschönheit dem Betrachter. Erst mit dem Sturz über eine kleine Geländestufe nimmt die Pießling Fahrt auf. Gluckernd, plätschernd und rauschend bahnt sie sich den Weg durch ein moosgrünes Wäldchen hinab ins Tal. An den riesigen Rohren, die den Bach bis nach Roßleithen begleiten, ist zu erkennen, dass sich die Menschen die Urkraft aus dem Bauch des Gebirges schon lange zunutze machen. Hier ließen einst die Sensenschmiede die Hämmer sausen, wie ein Themenweg informiert.

Adresse Pießling-Ursprung, 4575 Roßleithen, Tel. +43/(0)7562/526699 (Tourismusverband Pyhrn-Priel), www.urlaubsregion-pyhrn-priel.at | **Anfahrt** A 9 Ausfahrt 48-Roßleithen, der Beschilderung Roßleithen / Windischgarsten folgen, beim Gasthaus Sengsschmied parken – hier beginnt der ausgeschilderte Wanderweg (circa 20 Minuten), bis auf die letzte Stufe auch kinderwagengeeignet | **Öffnungszeiten** ganzjährig, außer bei Schneelage | **Tipp** Besuchen Sie den Gleinkersee, ein weiteres Wasser-Kleinod der Region.

80__Das Stefan-Fadinger-Museum

»Es muass sein …«

Gesellschaftliche Harmonie und Zusammenhalt sind Garanten für den oberösterreichischen Weg – vielleicht eine Lehre aus den grausamen Auseinandersetzungen während der Reformationszeit, die Land und Leute tief spalteten. Nachbarn wurden zu Feinden, Freunde zu Gottlosen erklärt und einfache Bauern zu Heerführern. Stefan Fadinger aus Sankt Agatha brachte es sogar zum »Oberhauptmann« eines Bauernheeres und wurde zur Ikone von Widerstandsgeist und Freiheitsliebe. 1626 stellte er sich zusammen mit seinem Schwager Christoph Zeller an die Spitze eines Bauernheeres, um dem bayrischen Statthalter Graf von Herberstorff Paroli zu bieten. Die protestantischen Bauern hatten genug von katholischen Provokationen, erhoben sich und lösten einen Krieg auf Biegen und Brechen aus. Dreschflegel gegen Flinten, Sensen gegen Kanonen – der Ausgang des Ringens war vorauszusehen, doch die wutentbrannten Aufständischen kämpften mit dem Mut der Verzweiflung und konnten Teilerfolge gegen die Übermacht erringen.

Von dieser dunklen Zeit erzählt das Museum in Sankt Agatha, wo Fadinger aufwuchs und den Aufstand anzettelte. Die Ausstellung beschäftigt sich mit dem Menschen Fadinger und seiner Zeit: Persönliche Erinnerungsstücke, Gemälde und Dokumente illustrieren die Kargheit und Härte des bäuerlichen Lebens, den tiefen Glauben der Menschen und die Entschlossenheit ihres Anführers. »Es muass sein …«, dieser Wahlspruch löste die Revolte aus, die unausweichlich war und den hohen Herren zeigte, dass Freiheitsdrang nicht zu unterdrücken ist. Wie unmenschlich grausam die damalige Zeit war, lässt sich an Fadingers Ende ablesen: Bei der Belagerung von Linz wurde er durch einen Scharfschützen schwer verwundet und starb an Blutvergiftung.

Doch damit nicht genug – nach dem Kriegsende ließ Erzfeind Herberstorff die Leiche ausgraben, enthaupten und am frischen Grab einen Galgen errichten.

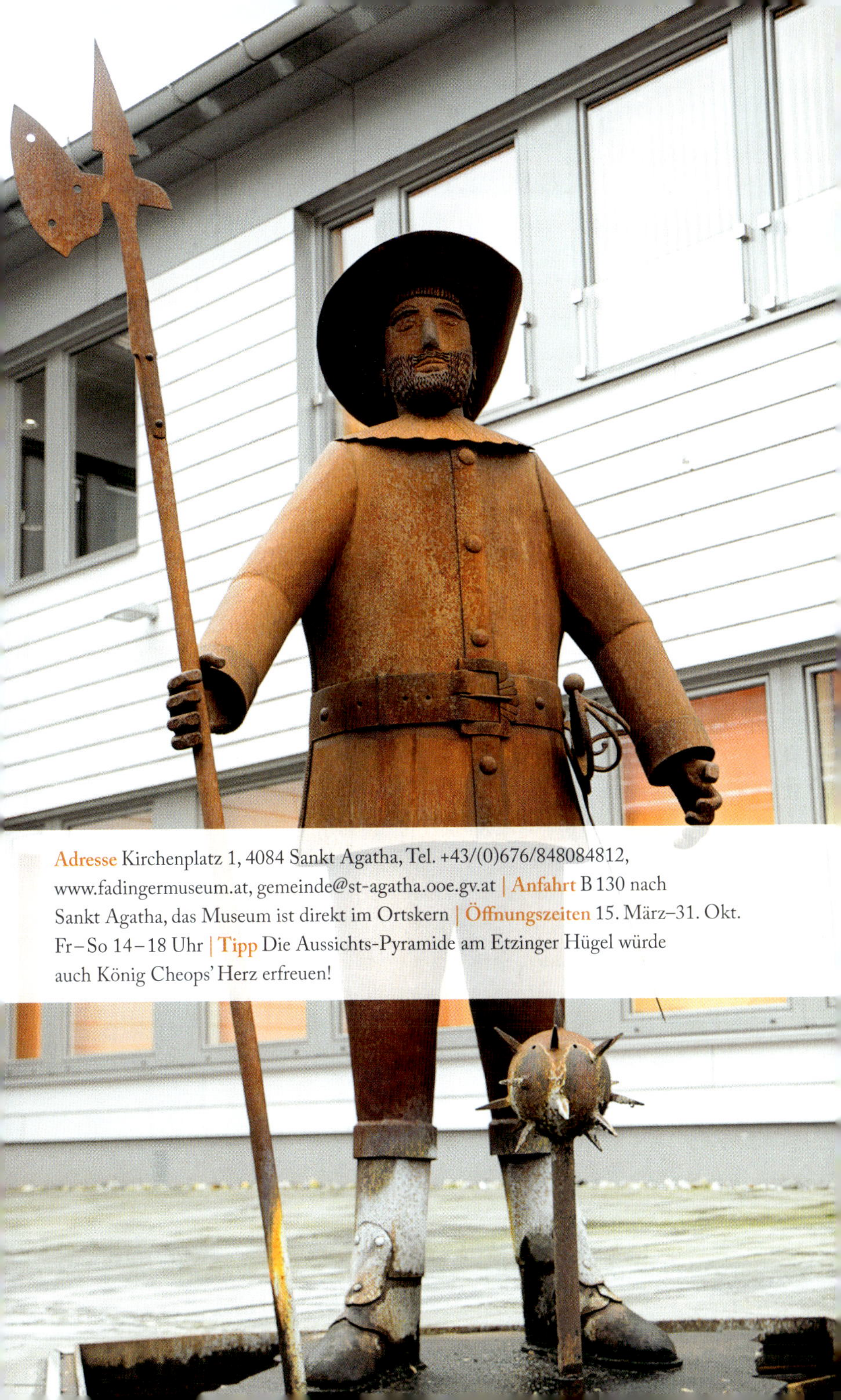

Adresse Kirchenplatz 1, 4084 Sankt Agatha, Tel. +43/(0)676/848084812, www.fadingermuseum.at, gemeinde@st-agatha.ooe.gv.at | **Anfahrt** B 130 nach Sankt Agatha, das Museum ist direkt im Ortskern | **Öffnungszeiten** 15. März–31. Okt. Fr–So 14–18 Uhr | **Tipp** Die Aussichts-Pyramide am Etzinger Hügel würde auch König Cheops' Herz erfreuen!

81 Die Burg Neuhaus
Dicke Mauern, dicke Kette

Eine Donaufahrt zwischen Linz und Passau ist Vergnügen pur: Man genießt die Sehenswürdigkeiten an den Ufern und schippert gemächlich auf die Burg Neuhaus in Sankt Martin zu – freie Fahrt ist selbstverständlich.

Im Mittelalter sah die Sache anders aus, denn die Grafen Schaumberg nutzten die wehrhafte Lage ihrer Burg schamlos aus, um mittels einer schweren Eisenkette die Donau nach Belieben zu sperren und Maut zu kassieren. Sie selbst bezeichneten diese Zwangsgebühr als Steuer, die leidtragenden Schiffer nannten es Raubrittertum. In jedem Fall war die Festung Neuhaus eine sichere Zuflucht vor aufgebrachten Handelsherren – die mächtigen Mauern konnte niemand so leicht erstürmen. Sie stehen seit 800 Jahren, erbaut von den Bischöfen von Passau als Wahrzeichen des Donautals, das sich immer mehr zur »Feste Neuhaus« wandelte und um einen Kettenturm am Ufer ergänzt wurde, der die Schatzkammer füllte. In zahlreichen Kämpfen wurde ihre Macht nach und nach gebrochen und die als uneinnehmbar geltende Burg beim Ausbruch des Bauernkrieges 1626 sogar erobert und restlos geplündert. Anfang des 18. Jahrhunderts bekam das Gemäuer seine heutige Form inklusive Schlosskapelle – jetzt ging es hier wohnlicher und frommer zu, die wilden Zeiten waren vorbei, und die Kette wurde für immer eingezogen. Sie ist übrigens verschollen – man munkelt, sie sei selbst Beute geworden, weil Napoleon Bonaparte das schwere Stück als Souvenir nach Paris gebracht haben soll.

Moderne Gesetze und das Gewaltmonopol des Staates schützen uns vor Willkür und Eisenketten, die eine flotte Fahrt unerwartet unterbrechen … doch man hat andere Wege gefunden, um Bürgern das Geld aus der Tasche zu ziehen: Anstelle von rabiaten Burgherren greifen Finanzminister zu, um das allgemeine Wohl zu finanzieren – ob man das nun »Steuern« nennen will oder »Zwangsabgabe«, bleibt jedem selbst überlassen.

Adresse Neuhaus an der Donau, 4113 Sankt Martin im Mühlkreis, Tel. +43/(0)7232/21050, www.sankt-martin.at | **Anfahrt** von der B 127 links nach Sankt Martin abbiegen und Richtung Plöcking, die Burg ist schon von Weitem zu sehen | **Öffnungszeiten** Das Schloss ist zwar in privatem Besitz, tagsüber aber zu besichtigen. | **Tipp** Eine Fahrt mit den »Donau-Wikingern« verspricht mittelalterliche Bräuche auf See, mit Rudertakttrommler und Wikinger-Bar – anmelden unter info@donau-wikinger.com oder Tel. +43/(0)664/1531093.

82_Das Wilderermuseum

Hahnenkämpfe im Revier

Mit der Wilderei verbinden sich Vorstellungen von Gesetzlosigkeit, sozialem Rebellentum und kitschiger Heimatromantik. Im Wilderermuseum Sankt Pankraz gewährt eine vom Soziologen Roland Girtler konzipierte Schau faszinierende Einblicke in das widersprüchliche Phänomen, das bis heute in Österreich immer wieder für Schlagzeilen sorgt.

Der Tatbestand »Wilderei« entstand im Mittelalter, als die adeligen Grundherren versuchten, das Recht der Jagd drastisch zu beschränken. Nicht alle ließen sich das gefallen, weder der legendäre Robin Hood noch der Kleinbauer in den Bergen, den oft der nackte Hunger auf die Pirsch trieb. Die ausgestellten Jagdgeräte zeugen von großer Erfindungsgabe. Mit Terzerolen – Vorderladerpistolen – ging man einst ebenso auf die Jagd wie mit abgesägten Stutzen, die sich unauffällig transportieren ließen.

Wie die Kugel gegossen wurde, war entscheidend für den Jagderfolg – die Wilderer waren ein abergläubisches Volk. Gedenktafeln und Schmählieder auf die »offiziellen« Jäger künden von teils großen Sympathien, die der Wildschütz im Alpenraum genoss. Aus der Behauptung, Wilderer seien bessere Liebhaber, lässt sich ableiten, dass im Revier auch Hahnenkämpfe ausgetragen wurden. Mitunter eskalierte die Situation. Ausführlich dokumentiert werden etwa die »Wildererschlacht« im nahen Molln, die 1919 vier Wilddiebe das Leben kostete, und der Fall des 1982 von hinten erschossenen Wilderers Pius Walder aus Osttirol. Romantische Vorstellungen, wie sie ungezählte Heimatfilme und -romane suggerieren, und Wirklichkeit klafften weit auseinander. Das illegale Weidwerk war ungesund und anstrengend, kommt in Interviews mit einstigen Wilderern zum Ausdruck. Jene »modernen« Wilderer, die vom Geländewagen aus auf einen geblendeten Hirsch feuern, kommen in der Schau übrigens ebenso schlecht weg wie Schlingensteller, die das Leiden der Tiere nicht bekümmert.

Adresse im Gasthof Steyrbrücke, Kniewas 17, 4572 Sankt Pankraz, Tel. +43/(0)7565/31333, www.wilderermuseum.at | **Anfahrt** über A 9, Ausfahrt 36-Sankt Pankraz-Hinterstoder nehmen, zur Pyhrnpass Straße / B 138, links abbiegen und der Straße hinab zur Steyr folgen, das Museum ist groß ausgeschildert | **Öffnungszeiten** ab Mitte April, Mai und Okt. Mi–So 10–16 Uhr, Juni–Sept. Di–So 9–18 Uhr | **Tipp** Schwimmen Sie eine Runde im nahen Elisabethsee – dann haben Sie sich die Wildererpfanne oder das Hirschgulasch im Gasthof Steyrbrücke aus vermutlich legal erlegtem Wild redlich verdient!

83 Die Bucklwehluck'n

Kriechspur ins Glück

Kreuzschmerzen sind die Geißel der modernen Gesellschaft, denn stundenlanges Sitzen an Computer und Lenkrad lässt die Wirbelsäule krumm werden, Muskeln degenerieren und die Bandscheiben schrumpfen. Hier sei ein Geheimnis verraten, das Orthopäden um ihren Arbeitsplatz fürchten lässt und Millionen Menschen ein Lächeln ins Gesicht zaubert: In Sankt Thomas am Blasenstein reicht eine kleine Kriechspur, um alle Schmerzen zu vergessen – sagen zumindest die Einheimischen. Auf dem Kreuzburgstall befindet sich ein mächtiger, mehrere Meter hoch aufragender Granitblock, dessen Platten wie aneinandergelehnt scheinen und einen Spalt frei lassen.

Diese »Luck'n« umgibt ein heidnischer Mythos, der sich bis in die Jetztzeit erhalten hat: Wer den Stein von Osten nach Westen durchschlüpft, dem sei die Befreiung von Kreuzweh und Rheuma sicher. Der Glaube versetzt bekanntlich Berge, daher schwören viele Besucher von Sankt Thomas Stein und Bein, pumperlg'sund aus dem steinernen Loch gekrochen zu sein – für alle gilt: »Hilft es nicht, so schadet es nicht!«, ein paar Meter auf allen vieren bringen Bewegungsapparat und Kreislauf in Schwung. Dass die Gegend rund um den Blasenstein gesundheitsfördernd oder – nun ja – konservierend wirkt, ist in der Gruftkammer der Pfarrkirche Sankt Thomas eindeutig bewiesen. Hier liegt die Mumie des »luftg'selchten Pfarrers« aufgebahrt, deren Äußeres zwar an Pharao Ramses erinnert, die für ihr Alter von über 300 Jahren aber recht frisch wirkt. Der Überlieferung nach litt der Chorherr Franz Sydler de Rosenegg an einer hochansteckenden Krankheit, die mit härtester Medizin bekämpft wurde – die half zwar nachweislich nichts, wäre jedoch eine chemische Erklärung für den Erhaltungszustand des Leichnams.

Sei's drum, ein Schlupf durch die Bucklwehluck'n und ein Blick auf den »ledernen Franzl«, und man fühlt sich schon kraft der Einbildung besser.

Adresse 4364 Sankt Thomas am Blasenstein; der Felsen im Ortszentrum ist nicht zu übersehen | **Anfahrt** B 124 und L 1432 nach Sankt Thomas am Blasenstein, nomen est omen! | **Öffnungszeiten** Der Stein ist jederzeit zu durchkriechen. | **Tipp** Sankt Thomas liegt inmitten bizarrer Felsformationen mit so interessanten Namen wie Franzosenkugel, Zigeunermauern und Phallusstein!

84__Der Literaturpark

Das schreibende Dreigestirn

Wie Peter Alexander als Oberkellner Leopold mit Dackelblick und pfiffigen Melodien auf den Lippen das Herz der Rössl-Wirtin Waltraut Haas erobert, ist österreichische Filmgeschichte. Dieses Operetten-Image hat Sankt Wolfgang geprägt und zieht Heerscharen von Touristen an, die auf der Terrasse des Weißen Rössls eine Melange mit Apfelstrudel genießen.

Nur eine Schiffsstation weiter kann der Urlauber ein wenig tiefer in Geschichte und Geschichten des Sees eintauchen, indem er im Literaturpark die Seele baumeln lässt. Der Zeitungsmann Arno Perfaller hatte die Idee, drei Größen der schreibenden Zunft, die am Wolfgangsee einen Teil ihres Lebens verbrachten, Denkmäler zu setzen und durch Literaturtage und die jährliche Anwesenheit eines Seeschreibers gebührendes Andenken angedeihen zu lassen. Es handelt sich um Leo Perutz, Alexander Lernet-Holenia und Hilde Spiel.

In den 1920er Jahren hatten sich Perutz und Lernet-Holenia hier bei der Sommerfrische kennengelernt und pflegten eine jahrzehntelange Freundschaft, die sogar die Flucht Perutz' nach Palästina überdauerte. In ihrem Schaffen hinterließ der See deutliche, durchaus kritische Spuren, die hervorragend als Kontrapunkt zur himmelblauen Postkartenidylle passen. Hilde Spiel ist die Dritte im Bunde der Geehrten. Sie gründete nach ihrem Exil einen literarischen Salon, in dem sich Kapazunder wie Heimito von Doderer, Friedrich Torberg und sogar der junge Thomas Bernhard ein Stelldichein gaben. Der Wolfgangsee als Ort der Inspiration für große Literatur ist ein wenig in den Hintergrund getreten, moderne Hektik hat selbst seine Gestade erreicht. Doch es gibt einen Silberstreif am Horizont: Entschleunigung ist angesagt, und der Begriff »Sommerfrische« in aller Munde – vielleicht ist der Tag nicht so fern, an dem Poeten und Autoren hier wieder die Füße ins Wasser tauchen und die prächtige Kulisse als Quelle neuer Romanideen aufnehmen.

Adresse Markt 10, 5360 Sankt Wolfgang, Tel. +43/(0)699/17606765, www.stwolfgang.at | **Anfahrt** Fahren Sie am besten mit der Wolfgangsee-Schifffahrt zur Station Ried bei Sankt Wolfgang, der Literaturpark liegt einige Gehminuten Richtung Falkenstein. | **Öffnungszeiten** Das Gelände ist frei zugänglich. | **Tipp** Wer gut zu Fuß ist, kann den Falkenstein erklimmen – es gibt dort einige Wolfgangskapellen zu besichtigen.

85__Das Strindberg-Museum
Inferno der Seele

Man sollte Menschen ja nicht nach dem Äußeren beurteilen und Urteile erst abgeben, wenn man jemanden näher kennt – das lehren uns Psychologen und Soziologen. Doch es gibt Ausnahmen: Menschen, bei denen ein Blick genügt, um ein Leuchten, ja Glühen zu erkennen und von ihnen in den Bann gezogen zu werden.

Eine solche »Erscheinung« war der Dichter August Strindberg, dessen Augen mehr aussagten als tausend Worte. Von 1893 bis 1896 lebte der Dichter, bedingt durch seine zweite Ehe mit Frida Uhl, in Saxen und Klam – dieser intensiven Episode seines Lebens ist ein Museum mit mehreren Stationen gewidmet. Durch zahlreiche Briefe und Manuskripte aus der Hand des Meisters, illustriert mit Fotografien und Gemälden, wird ein Gesamtbild dieses Lebensabschnittes sichtbar; besonderes Augenmerk legen die Kuratoren auf das Drama »Nach Damaskus« mit vielen Oberösterreich-Bezügen. Hier kämpft ein zutiefst zerrissener Mensch mit seiner Umgebung und seinen inneren Dämonen, die Texte spiegeln Strindbergs zeitweilige tiefe Niedergeschlagenheit wider. Eine faszinierende multimediale Installation bringt dem Besucher seinen Roman »Inferno« näher: Die Beschreibung einer »höllischen« Wanderung durch die Schlucht zwischen Saxen und Klam ist von bedrückender Eindringlichkeit und lässt in die verletzliche Seele des Literaten blicken – zweifelsohne der Höhepunkt dieses Museums, untermalt mit Videosequenzen, vertonter Natur und phantastischen Lichteffekten.

Der künstlerischen Facette Strindbergs als Maler ist ein Nebenraum gewidmet, in dem die Donauinsel bei Saxen eine zentrale Rolle spielt. Neben dem Foto-Sujet ist sein Gemälde »Überschwemmung an der Donau« zu betrachten, das im übertragenen Sinn die Auseinandersetzung mit seiner komplexen Familiensituation darstellt – tief in seiner Seele ließ Strindberg seine Verwandtschaft in einer biblischen Sintflut untergehen.

Adresse 4351 Saxen 7, Tel. +43/(0)7269/6828, www.strindbergmuseum.at,
info@strindbergmuseum.at | **Anfahrt** von der B 3 zwischen Perg und Grein in Saxen
abbiegen und der Beschilderung zum Museum folgen | **Öffnungszeiten** Mai–Okt.
Sa und So 14–16 Uhr, ansonsten ist Voranmeldung angeraten | **Tipp** Die nahe
gelegene Burg Clam ist ein magischer Ort für Musikveranstaltungen aller Genres.

86__Die Hochwasser-markierungen

Nachbar in Not!

Der Inbegriff einer romantischen Reise führt nach Venedig, hier ist das ganze Jahr über Saison. Selbst wenn der Meeresspiegel steigt und die Lagunenstadt unter Wasser steht, nehmen es die Italiener gelassen und packen die Gummistiefel aus. So ähnlich geht es ab und an im Barockstädtchen Schärding am Inn zu, denn der Fluss schwillt an, und in der Altstadt heißt es Land unter. Grund dafür ist das Durchbruchstal zwischen Passau und Schärding, die berüchtigte »Vornbacher Enge«: Wird der Wasserdruck zu groß, entsteht ein Rückstau, der über Schärding schwappt. Das passiert regelmäßig und lässt den Inn auf ein Mehrfaches seiner normalen Flusshöhe von circa vier Metern ansteigen.

Diese dramatischen Ereignisse kann man an der Markierungswand beim 1430 errichteten Wassertor ablesen, wo man begreift, mit welcher Wucht und Kraft der Fluss durch die Stadt rast und welch schwindelerregende Höhe der Pegelstand erreichen kann. Bei sogenannten »Jahrhunderthochwässern« wie 1954 oder zuletzt 2013 steigt der Inn auf über zehn Meter an und bringt das Leben in der Altstadt zum Stillstand … fast, denn Nachbarschaftshilfe ist selbstverständlich, und jeder packt für den Nächsten an. Die Feuerwehr holt Eingeschlossene mit der Zille aus den Häusern, und sollten Menschen ihr Haus partout nicht verlassen wollen, werden sie mit dem Notwendigsten versorgt. Wenn es überhaupt etwas Positives an solchen Katastrophen gibt, ist es der Zusammenhalt der Bevölkerung. »Aufgeben« ist ein Begriff, der im Wortschatz der Schärdinger nicht vorkommt.

Die barocke Altstadt wird mittlerweile durch Schutzwälle abgesichert und jede neue Flut mit Innviertler Gelassenheit erwartet. Wer mit dem Wasser lebt, muss auch seine negativen Seiten akzeptieren – Venezianer stiefeln über Notstege durch enge Gassen, Schärdinger halten nach dem Hochwasser zusammen und bringen die Stadt wieder auf Hochglanz.

Adresse Burggraben 4, 4780 Schärding am Inn | **Anfahrt** von der A 8 bei Schärding abfahren und weiter in die Innenstadt | **Öffnungszeiten** Die Markierungen sind jederzeit zu begutachten. | **Tipp** Die »Silberzeile« ist ein Ensemble von Bürgerhäusern und zugleich ein unvergleichliches Kleinod des Barocks.

87___Die Inn-Schiffer

Romantiker an Bord!

»Eine Seefahrt, die ist lustig, eine Seefahrt, die ist schön« – wer die pittoreske Landschaft am Inn genießen und dabei die Füße hochlegen will, ist bei Kapitän Schaurecker und seiner Crew bestens aufgehoben. Seine beiden Motorschiffe »Gerda« und »Schärding« legen mitten im Barockjuwel Oberösterreichs ab und begeben sich auf eine Reise nach Passau und retour. Diese Flussstrecke bezeugt die lange Geschichte der Floß- und Salzschifffahrt, deren Erträge die Inn-Häfen reich gemacht haben. Es geht entlang der mittelalterlichen Wehrtürme und Salzstadl zur Benediktinerabtei im Schloss Vornbach und durch die Flussenge beim Inn-Durchbruch – hohe Felsen und tiefes Wasser, Romantikerherz, was willst du mehr? Vorbei an Johannes-Felsen, Teufelsstein und Römersäule, allesamt Zeugen des finsteren Mittelalters, wird als nächstes Ziel die tausend Jahre alte Wehrburg Wernstein angesteuert.

Danach weitet sich das Tal wieder, hin zur Neuburg mit ihren fünf Türmen und dem idyllischen Ort Wernstein, wo Alfred Kubin viele seiner kryptischen Zeichnungen schuf. Die Schiffe gleiten sanft durch Neuburger Forst und Sauwald und passieren dabei ein Mahnmal der Flussschifffahrt: Das Schifferkreuz gedenkt derer, die ihr Leben in den Fluten des Inns ließen – viele von ihnen konnten nicht einmal schwimmen!

Endstation und Wendepunkt der Fahrt ist beim Innkraftwerk Passau-Ingling, Landratten können hier für einen Besuch der Bischofsstadt von Bord gehen.

Der neueste Coup von Käpt'n Schaurecker ist das erste europäische Brauschiff: Der Bierliebhaber hat ein Schiff mit Antiquitäten der Biergeschichte und einer hochmodernen Brauanlage aus echtem Kupfer ausgestattet. Hier wird das »Kanonenbräu« vor den Augen der Passagiere gebraut und natürlich unverzüglich verkostet: Was gibt es Schöneres als die malerische Kulisse am Inn vor Augen und den Geschmack des heimischen Hopfens am Gaumen?

Adresse Leonhard-Kaiser-Weg 1, 4780 Schärding, Tel. +43/(0)7712/7350, kapitaen@innschifffahrt.at, www.innschifffahrt.at | **Anfahrt** von der A 8 bei Schärding abfahren, B 137 bis zum Leonhard-Kaiser-Weg 1 direkt am Inn | **Öffnungszeiten** Die Ausfahrten der Schiffe entnehmen Sie bitte der Website oder rufen Sie an. | **Tipp** Die »Bums'n« in der Denisgasse 8 mitten in Schärding ist ein Gesamtkunstwerk oberösterreichischer Gastronomie – der Name hat übrigens einen ganz harmlosen Hintergrund!

88__Der Kletterwald

Auf die Bäume, ihr Affen!

In den unendlichen Weiten des brasilianischen Regenwaldes befinden sich viele unentdeckte Geheimnisse unserer Erde; üppige Baumkronen sind Lebensraum für Flora und Fauna und ewige Quellen für Forscher und Abenteurer. Doch wie in diese luftigen Höhen gelangen, wenn der Dschungel undurchdringlich ist?

Man muss, den Affen gleich, von Krone zu Krone, von Ast zu Ast schwingen und lernen, ohne festen Boden Land zu gewinnen. Das nötige Know-how für solche Expeditionen holt man sich am besten im Kletterpark Goldberg nahe Sierning, wo ein Hochseilgarten jeden Stubenhocker in einen hurtigen Schimpansen verwandelt. Hier erwarten Sie Parcours in verschiedenen Höhenlagen und diversen Schwierigkeitsgraden: Auf der blauen Stufe kann man sich an Höhe und Balance gewöhnen, Orange bedeutet schnelles und langes Gleiten mitten durch die Bäume, und am violetten Parcours wird auch dem geübten Waldfex alles abverlangt. Kurzum: Der Kletterwald bietet Herausforderung und Entspannung zugleich. Per Seilrutsche, auch »Flying Fox« genannt, kann man von Station zu Station sausen und in luftiger Höhe über Wackelnetze klettern, auf dem »Waldboard« surfen und über die »Tarzan-Bridge« balancieren – hier sind der Dschungel und seine Mysterien mit allen Sinnen spürbar. Wer sich den Tieren nahe fühlen will, testet die »Schwarzspecht-Rutsche«, das »Spinnen-Netz« und die »Affenschleuder« … Jane lässt grüßen!

Zurück auf dem festen Erdboden fühlt sich so mancher deutlich wohler, in der »Zivilisation« ist der aufrechte Gang normal und »affiges« Gehabe fremd, doch man weiß schon von Lord Greystoke, dass die Sehnsucht nach der Wildnis unbezähmbar sein kann. Er kehrte aus England heim ins unberührte Paradies und schwang sich als »Tarzan« von Liane zu Liane. Da haben es Dschungelforscher in Oberösterreich um vieles leichter – ab nach Sierning und husch, husch auf die Bäume!

Adresse Weichstettenstraße 119, 4521 Schiedlberg, Tel. +43/(0)660/1305000, office@kletterwald-goldberg.at | **Anfahrt** B 122, in Sierning Richtung Schiedlberg, weiter Richtung Goldberg, der Kletterwald ist gut ausgeschildert | **Öffnungszeiten** April–Okt., Näheres telefonisch erfragen | **Tipp** Nach dem schweißtreibenden Klettern können Sie im Brauhof Goldberg mit selbst gebrautem Bier Ihren Elektrolytspeicher wieder auffüllen.

89__Die Klosterkäserei

Erstes Gebot: Du sollst genießen!

Dass Mönche anregende Liköre erzeugen, in der Kunst der Bier-
erzeugung brillieren oder jahrhundertealtes Kräuterwissen in Ba-
res ummünzen – all das hat man schon gehört. Dass sich aber ein
Kloster zu einem der renommiertesten Käseproduzenten des Landes
emporschwingt, hat einen hohen Exotik-Faktor. In den 1920er Jahren suchten die Zisterzienser von Schlierbach nach Wegen, um die
Klosterkasse zu füllen. Führte der Zufall Regie, oder war es göttliche
Vorsehung? Jedenfalls schlug ein Mitbruder mit einschlägiger Be-
rufsausbildung die Käseproduktion vor, erfährt man auf einer Klos-
terführung. Der Abt soll angesichts des etwas strengen Geruchs,
den das Produkt verströmte, etwas skeptisch gewesen sein, gab aber
mit einem »Wenn du meinst, dass du das verkaufen kannst« seinen
Segen.

Eine Erfolgsgeschichte nahm ihren Lauf, wie die vielfachen Prä-
mierungen für Schlierbacher Schlemmerprodukte verraten. Aushän-
geschild ist der Schlosskäse, der mit Rotkulturbakterien besprüht
wird. Diese verleihen dem Weichkäse sein würziges Aroma. »Qualität ist uns heilig«, steht auf der Verpackung. Auch in Sachen Präsentation sind die Schlierbacher auf der Höhe der Zeit: Ihre Schaukä-
serei war die erste Österreichs, und seit 2012 werden ausschließlich
Bio-Kuhmilch, Bio-Schafmilch und Bio-Ziegenmilch aus der Region verarbeitet.

Von gesundem Selbstbewusstsein künden auch die Zehn Gebote
der Käseerzeugung – Gebot 1: Du sollst genießen! Das lässt man sich
nicht zweimal sagen. Am Ende der Stiftsführung – die auch die weltweit renommierten Glaswerkstätten erschließt – steht eine Verkos-
tung im Genusszentrum auf dem Dach des Meierhofs. Bei herrlichen
Blicken auf das Kremstal öffnet sich für Käseliebhaber sozusagen das
himmlische Tor. Ein Gedicht etwa der »Bio-Bacchus«, der bei seiner
Reifung mit Bio-Weingeläge und Rotwein affiniert wird. Er zergeht
beinahe auf der Zunge – reinste Poesie am Gaumen!

o Petrus

Bio Brius

Adresse Klosterstraße 1, 4553 Schlierbach, Tel. +43/(0)7582/83013127, www.kaeserei-schlierbach.at | **Anfahrt** A 9, Ausfahrt 16 Inzersdorf-Kirchdorf, dann via B 138 und Schlierbacher Straße, das Ziel ist ausgeschildert | **Öffnungszeiten** Genusszentrum April–Okt. täglich 9–17 Uhr, Nov.–März Di–Fr 9–17 und Sa 9–12 Uhr, Stiftsführungen nach Vereinbarung, ab vier Personen | **Tipp** Genussmomente bescheren auch die Verkostungen bei Mostsommelier Manfred Lungenschmied in Micheldorf acht Kilometer südlich, Hammerweg 12, Tel. +43/(0)664/5288257, www.micheldorfer-most.at.

90 Der Plöckenstein

Auge des Böhmerwaldes

Steine sind extrem widerstandsfähig, und selbst Feuer kann ihnen nichts anhaben – es sei denn, sie liegen im Böhmerwald verstreut. Hier gibt es nahe dem Plöckenstein ein »Abgebrannte Steine« genanntes Felsenmeer, das neben der »Teufelsschüssel« eines der gewaltigsten Naturdenkmäler rund um den höchsten Berg im Mühlviertel darstellt. Die Wanderung entlang der ehemaligen Grenze zu Tschechien führt entlang des Klafferbachs in den Hochwald, wo einst Stacheldrahtzäune als stumme Zeugen des Kalten Krieges standen.

Heute ist die Bahn frei zum Plöckensteinsee, der einer Legende nach durch Gottes Zorn entstanden ist, als dieser einen Blitz auf brutale Raubritter niederfahren ließ und das klaffende Loch mit Wolkenbrüchen dunkel ausfüllte. Adalbert Stifter nannte den See in seiner unnachahmlichen Ausdrucksweise das »unheimliche Naturauge, tiefschwarz und drinnen das Wasser regungslos wie eine versteinerte Träne«. Dem Dichter zu Ehren wurde auf einem Felsvorsprung oberhalb des Sees ein fünfzehn Meter hoher Obelisk errichtet, den Zitate aus seinen Werken »Der Hochwald« und »Im Gebirge« schmücken – von hier aus hat man den perfekten Weitblick bis hinüber zum Moldau-Stausee.

Der Gipfel des Plöckensteins liegt auf 1.371 Metern, am Rückweg passiert der Wanderer das Dreiländereck zwischen Österreich, Deutschland und Tschechien am Sattel des Berges. Das in einen Baum geschnitzte »Liseibild« am Wegesrand erinnert an eine der vielen Schmuggler-Sagen des Grenzgebietes – es handelt von großer Liebe, tragischer Verwechslung und frühem Tod, romantisch und dunkel, wie es sich für den Böhmerwald gehört. Ganz in der Nähe entspringt eine ebenfalls Adalbert Stifter gewidmete Quelle, der entlang man retour zum Klafferbach und Grenzstein kommt: Wenige Stunden in dieser beeindruckenden Naturkulisse und man hätte große Lust, selbst zu Papier und Feder zu greifen.

Adresse Der Plöckenstein liegt direkt im Dreiländereck Deutschland, Österreich, Tschechien. | Anfahrt B 127 nach Schwarzenberg, weiter zum Jugendheim Holzschlag, dort beginnt der Wanderweg | Öffnungszeiten jederzeit zu begehen | Tipp Wer hungrig vom Wandern ist, gönnt sich eine »Bergkristall-Platte« im gleichnamigen Wirtshaus in Schwarzenberg 129 – Adalbert Stifter erfreute sich bekanntermaßen großen Appetits.

91__Die Welt der 8.000er

Kraxeln auf den Spuren Gerlinde Kaltenbrunners

Der Oberösterreicherin Gerlinde Kaltenbrunner gelang als erster Frau das Kunststück, alle vierzehn 8.000er-Gipfel der Welt ohne zusätzlich mitgeführten Sauerstoff zu bezwingen. Ihre Glanzleistung dokumentiert seit Sommer 2015 die »Welt-der-8.000er«-Schau in Spital am Pyhrn – jenem Ort, an dem die gelernte Krankenschwester mit dem Bergvirus infiziert wurde. Zur Einstimmung können Besucher – gut gesichert – einen Kletterturm mit den Umrissen des K 2-Gipfels erklimmen, Kaltenbrunners »Schicksalsberg«. Als sie am 23. August 2011 im vierten Anlauf endlich auf dem 8.611 Meter hohen K 2 stand, war ihr in den 1990er Jahren begonnener »Grand Slam« der 8.000er vollendet. Mit Hilfe von Videos, Fotos und Original-Ausrüstungsgegenständen von Kaltenbrunners Expeditionen führt das Alpin-Museum in die Geschichte des Extrem- und Frauenbergsteigens ein. Tagebuchauszüge vermitteln Einblicke in die Gedankenwelt der Alpinistin, die oft tagelang bei orkanartigen Winden und eisigen Temperaturen in ihrem Zelt auf ein Schönwetterfenster zum Gipfelsturm lauerte. Die Schau verdeutlicht die peniblen Vorbereitungen, die eine Expedition in die »Todeszone« über 7.000 Meter erfordert. Eine Schlüsselrolle spielt dabei ein spezialisierter Innsbrucker Wetterdienst, der Expeditionen mit aktuellen meteorologischen Daten über Karakorum- und Himalaya-Gebirge versorgt.

Wenn man aus der Perspektive der ISS-Raumstation in Real-Time-Videos über das Dach der Welt gleitet, beschleicht einen eine Ahnung von Schönheit und Schrecken extremer Höhen. Doch am eindrücklichsten wird die Gewalt der Natur in einem Erlebnisraum vermittelt: Wind heult aus Lautsprechern, der Boden vibriert, dann scheint auf der Riesenleinwand eine Riesenlawine auf den Betrachter zuzurasen. Die Aufnahmen stammen vom April 2015, als über das Basislager am Mount Everest eine Lawine hinwegfegte – extrem laut und unglaublich nah!

7350m
camp 3

the black
pyramid

6700m
camp 2

6400m
house chimney

Adresse Stiftsplatz 1, 4582 Spital am Pyhrn, Tel. +43/(0)7563/249, www.welt-der-8000er.at |
Anfahrt A 9 Ausfahrt 48-Roßleithen nehmen, Pyhrnpass Straße/B 138 bis Spital folgen
und am Stiftsplatz parken | **Öffnungszeiten** Mo–So 9–17 Uhr, außer Weihnachten/Neujahr |
Tipp Begeben Sie sich auf eine »klassische« Expedition in der Pyhrn-Priel-Region: Durch
die wildromantische Dr.-Vogelgesang-Klamm geht es zur Bosruckhütte und weiter zum
Rohrauerhaus.

92 — Die Dreifaltigkeitskirche

Aller guten Dinge sind drei

Der Besuch des Paura-Hügels vermittelt ein klassisches Déjà-Vu: Das Gebäude an der Spitze schaut von allen Seiten gleich aus und widerspricht dem Prinzip einer Kirche – hier Eingang, da Schiff und Altar, oberhalb Orgel und Empore. Sein Geheimnis steckt in der Dreifaltigkeit von Vater, Sohn und Heiligem Geist: Nach außen hin wird eine Dreiteiligkeit vermittelt, die im Inneren gemäß der christlichen Idee zur Einheit verschmilzt … so wird aus einer fast verwirrenden Vielfalt und Bildmächtigkeit das einträchtige Symbol des Glaubens.

1713 brachte die Pest in Oberösterreich eine furchtbare »Ernte« ein, und Maximilian Pagel, Abt von Lambach, gelobte in höchster Not, eine Dreifaltigkeitskirche bauen zu lassen, sollte der Schwarze Tod den Ort verschonen. Die bittere Kälte des Winters hielt die Krankheit auf, das Versprechen wurde sofort eingelöst und unverzüglich mit der Errichtung begonnen. Die Besonderheit zeigt sich schon im Grundriss des Baus, mit innerem Kreis und äußeren Dreiecken, in der freskenverzierten Kuppel hängt wiederum eine dreiseitige Laterne mit dem »Auge Gottes«. An der Basis jedes Dreiecks befinden sich die Eingänge, in deren verlängerten Achsen man zu den gegenüberliegenden Altären kommt, denen auf den Emporen Orgeln zugewiesen sind. Die Altäre versinnbildlichen ewige Themenkreise der Menschheit – Schöpfungsgeschichte und Glaube sind dem Vater, Erlösung und Hoffnung dem Sohn, und die Liebe dem Heiligen Geist zugeordnet. Klingt ein wenig kompliziert, doch Baumeister Michael Prunner sowie Künstler wie Martino Altomonte und Carlo Carlone konnten sich nach überstandener Pestangst so richtig austoben und schufen ein berauschendes Kaleidoskop barocker Schönheit. Das Gotteshaus ist ein geradezu mathematisch berechnetes, mit allen Finessen ausgestattetes Zeichen von Macht und Demut zugleich, ein Ort der Besinnung im besten Sinne.

Adresse Johann-Michael-Prunner-Straße 7, 4651 Stadl-Paura, Tel. +43/(0)7245/323960, www.pfarre-stadlpaura.dioezese-linz.at, pfarre.stadlpaura@dioezese-linz.at | **Anfahrt** von der B 1 in Lambach auf die B 144 nach Stadl-Paura abbiegen, die Kirche befindet sich im Ortszentrum | **Öffnungszeiten** von außen jederzeit zu besichtigen, ansonsten Terminvereinbarung beim Pfarramt Stadl-Paura unter Tel. +43/(0)7245/323960 | **Tipp** Im Pferdezentrum am Stallamtsweg 1 gibt es ein vielfältiges Programm rund um schöne Rösser.

93__Die Krippensammlung

Jesus im Kürbis

Wer zur Weihnachtszeit von Santa Claus und Rudolf dem Rentier genug hat, dem Lichterglanz der weihnachtlichen Städte entfliehen will und Besinnlichkeit pur sucht, sollte sich auf eine »Kripperlroas« begeben. Nie gehört? So bezeichnet man eine Besichtigung mehrerer Krippen, um ohne Ramba Zamba in weihnachtliche Stimmung zu kommen.

In Oberösterreich hat der Krippenbau Tradition, zu den Feiertagen werden in vielen Häusern kunstvoll drapierte Szenen der Heiligen Familie ausgestellt. Den Höhepunkt bildet eindeutig die »Sammlung Pils« in Steinbach, denn hier werden Kunstwerke von allen Kontinenten präsentiert – aus faszinierenden Materialien von der einfachsten Machart bis hin zum hochkomplizierten Arrangement. Aus einer Liebhaberei wurde im Laufe der Zeit eine Kollektion aus 95 Ländern mit weit über 500 Ausstellungsstücken. Hier geht man mit staunenden Augen an den Zeugen christlichen Glaubens aus aller Welt vorbei – der Bogen spannt sich von den Philippinen über Südafrika bis Peru und Uganda. Ob Bretterwände und Palmen aus Bambus oder rabenschwarze Figuren aus Holz und Glasperlen, originell sind die Krippen allemal! Es gibt Szenen in Marmor eingearbeitet, einem Stahlwerk nachgeahmt, in einer Laterne versteckt, aus Blech gestanzt oder – ein Highlight ohnegleichen – in einem Kürbis drapiert. Hier vereinigen sich Schnitzkunst und praktische Handhabung, der Kürbis kann mit einem Deckel verschlossen werden und bis zum nächsten Weihnachtsfest ohne große Umbauten aufbewahrt werden … »Kripperl to go«, made in Uganda, presented in Steinbach an der Steyr!

Bei solcher Vielfalt hat der Weihnachtsmann schlechte Karten. Es gibt zwar einen »Santa-Claus-Lauf« im heißen Las Vegas, wo sich tausende Menschen in Zipfelmütze und rotem Wams ein Duell auf Biegen und Brechen liefern – doch gegen die globale »Kripperlroas« haben sie nicht den Funken einer Chance.

Adresse Ortsplatz 3a, 4594 Steinbach an der Steyr, Tel. +43/(0)7257/841113, www.krippenhaus.org, willipils@aon.at | **Anfahrt** B 140 nach Steinbach an der Steyr, das Museum liegt direkt am Ortsplatz | **Öffnungszeiten** 1. Dez.–6. Jänner, Auskunft über den Tourismusverband Steyrtal, Tel. +43/(0)664/9988585 | **Tipp** Die Galerie am Färberbach in der Weyergasse 9 in Steinbach offenbart Erstaunliches – hier gibt es moderne Kunst auf Top-Niveau.

94_Das Eisenuhrenmuseum
Tick-Tack mit Weile

Die Zeit steht nicht still, sie ist unerbittlich, sie verläuft immer rasanter. Das Lamento über Zeitknappheit und »Zeitverlust« ist allgegenwärtig. In der »guten alten Zeit« war das anders, offenbar auch aus dem Umstand heraus, dass man nicht die Mittel hatte, die Zeit in immer kleinere Portionen zu unterteilen und immer mehr hineinzuquetschen. »Zeiterhacker«, so bezeichnet Uhrmachermeister Friedrich Schmollgruber die Uhr. Sein Eisenuhrenmuseum im Herzen von Steyr zeichnet nach, wie aus einfachen Zeitmessgeräten immer präzisere Maschinen wurden, und wie die Uhr von der Stube des Türmers in die bürgerliche Stube kam.

Wunderwerke antiker Uhrmacherkunst, gleichermaßen ästhetisch wie funktionell, blicken von den Wänden des Schmollgruber-Hauses. Zu den ältesten Stücken zählen Türmeruhren vom Ende des 14. Jahrhunderts. Jede Stunde schlug die Uhr, worauf der Mann im Stadtturm die Stunde ausrief – so hatte man eine ungefähre Vorstellung von Zeit. Mechanische Zeitmesser waren lange sündteure Prestigeobjekte. In der Region um Steyr, die durch die Eisenverarbeitung reich wurde und innovative Handwerker hervorbrachte, erlebten Uhrmacher um 1500 eine Blütezeit. Bald entstand mit reichen Bürgern ein neuer Absatzmarkt.

Gut lässt sich nachvollziehen, wie mit der Nutzung des Pendels im 17. Jahrhundert die Zeitmessung immer präziser wurde. Waagbalken, Unrast, Kuhschwanzpendel – wer sich für Technik interessiert, der kommt hier auf seine Kosten. Nicht wenige seiner Schätze hat Schmollgruber von Müllkippen gerettet. Das gesamte Universum alter Chronometer ist funktionstüchtig. Im Ambiente historischer Stuben kommt die 500 Exponate umfassende private Sammlung bestens zur Geltung. Das allgegenwärtige Ticken wirkt beruhigend, vielleicht eine Erinnerung, die manche noch aus der Kindheit herübergerettet haben, einem Lebensalter, in dem man noch nicht so viel Stress hatte.

Adresse Grünmarkt 2, 4400 Steyr, Tel. +43/(0)7252/53091, www.schmollgruber.at | **ÖPNV** vom (Bus-)Bahnhof über Bahnhofstraße und Brücke in die Innenstadt gehen, dann via Enge Gasse und Stadtplatz zum Grünmarkt | **Anfahrt** B 122 nach Steyr, nächste Parkplätze Promenade, City Point (Leopold-Werndl-Straße 2), Ennskai, Schiffmeistergasse, dann Richtung Zentrum/Stadtplatz folgen | **Öffnungszeiten** Mo–Fr 9–12 Uhr und 14.30–18 Uhr, Sa 9–12 Uhr (Anmeldung erbeten) | **Tipp** Erkunden Sie die prachtvollen Gebäude rund um den Stadtplatz und statten Sie Schloss Lamberg mit seinem Zwergerlgarten einen Besuch ab.

95_Der Wehrgraben

Ein Hauch von Canal Grande

Von links gleiten Schwäne durchs Bild, rechts plätschert das Wasser über ein Wehr, um seinen Weg durch Steyr fortzusetzcn. Gebäude mit mittelalterlichem Kern und solche aus den Anfängen der Industrie-Ära begleiten den Wehrgraben, der vor gut 800 Jahren parallel zum Steyr-Fluss angelegt wurde. Einst nutzten Schmiede und Färber, Papier- und Pulvererzeuger die Antriebskraft des Wassers, im 19. Jahrhundert lösten Waffenfabriken die kleingewerbliche Eisenverarbeitung ab. Einer Bürgerinitiative war es zu verdanken, dass die Stadtväter nach der Absiedlung der Industrie in den 1970er Jahren ihre Pläne über die Aufschüttung des 1,5 Kilometer langen Wasserlaufs fallen ließen und stattdessen auf behutsame Revitalisierung setzten.

Heute bildet der Wehrgraben eine Mischung aus lebendigem Architekturmuseum und kleinstädtischem Wohnidyll. Hier ranken sich Kletterpflanzen eine Backsteinmauer empor, dort breitet eine Trauerweide ihre Äste über den grün schillernden Kanal. Mancherorts blättert der Putz und leckt das Wasser an den Fundamenten – dann hat man das Gefühl, an einem Canal Grande in Miniversion oder durch ein Spitzweg-Gemälde zu flanieren. Obwohl die Hämmer verklungen sind, liegt noch ein Hauch alter Geschäftigkeit in der Luft. Für kreative Impulse sorgen heute ein Kulturverein und das »Museum Arbeitswelt«, welches in den Hallen einer einstigen Messerfabrik die Geschichte des Industriestandorts Steyr in Erinnerung ruft und seinen Blick auf die Arbeitswelten von morgen richtet.

Liegt es am beruhigenden Plätschern, an der Abwesenheit von Verkehrslärm oder am Grün, das sich in Gärten ebenso manifestiert wie in einer Uferwildnis? Oder am denkmalgeschützten Gesamtbild mit Ecken und Kanten? Vielleicht ist es das Flair jener Ära, als alles noch mit der Kraft der Hände und des Wassers verrichtet wurde? Letztlich ist nicht ganz fassbar, warum man sich hier auf Anhieb so geborgen fühlt.

Adresse Wehrgrabengasse und Fabrikstraße, 4400 Steyr, www.wehrgraben.jimdo.com/ | **Anfahrt** B 122 nach Steyr, Parkplätze beim »Museum Arbeitswelt« oder Schlosspark, dann über den Steg zum »Museum Arbeitswelt« gehen und den Rundgang starten | **Öffnungszeiten** ganzjährig frei zugänglich | **Tipp** Stärken Sie sich nach Rundgang und Museumsbesuch (Wehrgrabengasse 7, museum-steyr.at, Di–So 9–17 Uhr) im Wirtshaus knapp am eck, Wehrgrabengasse 15, Di–Sa 11–14 und 18–24 Uhr.

96__Das Weihnachtsmuseum

Wenn die Assel vom Christbaum grüßt

Nichts versetzt einen so sehr in Weihnachtsstimmung wie ein funkelnder, glitzernder Christbaum. Zeit für etwas Inspiration im »1. Österreichischen Weihnachtsmuseum«, das mit 14.000 Exponaten die faszinierende Geschichte des Christbaumschmucks bis 1945 erzählt. Schon um 1830 lieferten Schmuckwarenerzeuger erste Designs, um den in immer mehr mitteleuropäischen Wohnstuben aufgestellten Baum jenseits von Kerzen, Gebäck und Süßigkeiten ordentlich aufzupeppen.

Die Modefarbe Pink verlieh dem Tannengrün im Biedermeier-Zeitalter das gewisse Etwas. Zwischen Kitsch, Kunsthandwerk und Kommerz schillert der weihnachtliche Baumbehang seither. In der zweiten Hälfte des 19. Jahrhunderts eroberte der filigrane Perlenschmuck aus dem böhmischen Gablonz die Stuben. Vieles entstand in Heimarbeit, was zu einem Wetteifern der Familien um die originellsten Ideen führte. Nicht nur klassische Sujets, sondern auch aus Glasperlen gefertigte Zeppeline (um 1920), Flugzeuge, Fahrräder und Phantasiegebilde baumelten von den Zweigen und versprühten Zeitgeist. Ob auch die Asseln, Spinnen und Krabben dekorative Trends zu setzen vermochten, ist nicht bekannt.

Wer viel Geld hatte, klotzte unter dem Baum und spickte diesen gleich mit Echtperlen und Echtgold-Behang. Handgefertigt, begrenzte Stückzahl, jeder Artikel ein Kunstwerk – dafür stand die Petersburger Tradition des Christbaumschmucks. Auf Perlen und Glas, Zinn und Messing, Pappe und Stroh, Wachs und Watte, vielleicht aufgelockert mit kandierten Veilchen im Körbchen, folgten nach dem Ersten Weltkrieg Dekors aus Bakelit, dem ersten vollsynthetischen, industriell produzierten Kunststoff.

In den uralten Gemäuern des Steyrer Bürgerspitals kommen die Exponate aus der Sammlung Elfriede Kreuzberger gut zur Geltung. Und sogar eine Erlebnisbahn über drei Etagen hat darin Platz gefunden. Last stop: Die entzückende Engelwerkstatt unter dem Dach.

Adresse Michaelerplatz 2, 4400 Steyr, Tel. +43/(0)7252/80659, www.steyr.info/christkindl-stadt/weihnachtsmuseum | **ÖPNV** vom (Bus-)Bahnhof über Bahnhofstraße, Enns- und Steyr-Brücke zum Michaelerplatz gehen | **Anfahrt** B 122 nach Steyr, Parkplätze Stadthalle, Wieserfeldplatz, »Museum Arbeitswelt« oder Schlosspark | **Öffnungszeiten** circa 20. Nov.–6. Jänner, Führungen ganzjährig gegen Voranmeldung beim Tourismusverband, Stadtplatz 27, Tel. +43/(0)7252/53229, www.steyr.info | **Tipp** Noch mehr Weihnachtsfeeling verspricht der Spaziergang zur Wallfahrtskirche Christkindl, der Weg ist ab Stadtplatz ausgeschildert.

97 __Das Schaulager
Im Herzen des schwarzen Kubus

Thalheim ist eine gemütliche Gemeinde an der Traun, die durch perfekt gestutzte Vorgärten besticht, doch seit einigen Jahren steht hier, einer schwarzen Supernova gleich, ein Museumsbau modernster Dimension.

Das von »Wolf Architektur« umgestaltete Gebäude ist eine ehemalige Werkshalle, deren ehemalige Funktion durch Bestandteile wie einen riesigen Deckenkran zitiert wird. Die Ausstellungsräume sind frei, luftig und ein idealer Platz für die Umsetzung der Grundidee des Besitzers: »Meine Sammlung der Öffentlichkeit zugänglich zu machen, hatte für mich oberste Priorität, ich sehe hier neben der kulturellen Komponente auch eine soziale Aufgabe«, so Heinz J. Angerlehner.

Seit 30 Jahren frönt er seiner Passion und hat der Kollektion innerhalb des Museums einen würdigen Platz verliehen – hinter dickem Glas ist auf 50 Metern Länge auf gigantischen Schiebewänden all das komprimiert, was den Freund der schönen Künste erfreut. Hier stehen Kapazunder wie Arnulf Rainer, Xenia Hausner und Hermann Nitsch in Reih und Glied, denn der Fokus von Angerlehner liegt auf zeitgenössischer österreichischer Malerei. Er gibt jungen Künstlern in Sonderausstellungen eine Chance, in seinem schwarzen Kubus an die breite Öffentlichkeit zu gelangen – im übertragenen Sinn eröffnet sich die Fülle des Schaulagers peu à peu den Augen des staunenden Betrachters.

Eine Besonderheit dieses Privatmuseums besteht in der Kunstvermittlung, die Schwellenängste abbauen und Kunst in der Mitte der Gesellschaft implementieren soll. Ein engagiertes Team führt nicht nur durch zahlreiche Ausstellungen, sondern regt das Publikum zum Mitmachen an; jeder Besucher kann zum Beispiel ein Großformat von Markus Prachensky mittels Stoffstreifen und Magneten nachbauen – die Aussage: »Das sieht so leicht aus, das kann ich auch!« bekommt damit eine völlig neue Bedeutung.

Adresse Ascheter Straße 54, 4600 Thalheim bei Wels, Tel. +43/(0)7242/224422, www.museum-angerlehner.at, office@museum-angerlehner.at | **Anfahrt** vom Hauptbahnhof Wels mit der Linie 16 bis zur Station »Welldorado« fahren, von dort über den Museumssteg direkt zum Museum gehen | **Öffnungszeiten** Do 13–21 Uhr, Fr–Mi 10–18 Uhr | **Tipp** Die Marienwarte am nahegelegenen Reinberg – ein Lieblingsaufenthaltsort von Kaiserin Sisi.

98_ Das Tal der Feitelmacher

Weltprodukt aus der Einschicht

Noch vor wenigen Generationen hatte ein richtiger Lausbub in Österreich ein »Trattenbacher Zauckerl« in der Hosentasche, ein günstiges, dabei hochwertig gearbeitetes Taschenmesser mit hölzernem Griff. Für's Maipfeiferl-Schnitzen und die Jause zwischendurch war so ein »Feitel« (von falten beziehungsweise zusammenklappen) ideal. Ihre Wiege haben die Vorgänger der Schweizermesser im Trattenbachtal bei Ternberg, das schon im Mittelalter ganz im Zeichen des Messerer-Gewerbes stand. Heute stimmt der »Weltgrößte Taschenfeitel« mit einer Klingenlänge von 5,8 Metern auf einen Besuch im Museumsdorf Trattenbach ein.

Vom Infocenter aus erschließt ein Themenweg das enge Seitental der Enns und folgt dabei dem Trattenbach, der die Energie zum Betrieb der Metallwerkstätten lieferte. Jede Familie, vom Kind bis zum Greis, war einst in die Produktion involviert. Mehr als 40 Arbeitsschritte erforderte die Herstellung eines Feitels, wie man im Schaubetrieb Löschenkohl nachverfolgen kann.

Zunfttruhe, Zunftzeichen und eine Feitel-Kollektion im Wegscheidmuseum zeugen vom großen Selbstbewusstsein der Messermacher, die in der zweiten Hälfte des 19. Jahrhunderts ihre Erzeugnisse nach Nordafrika, Nahost, in die USA und sogar nach China exportierten. Um sich gegen die industrielle Konkurrenz zu behaupten, entwickelten sie spezielle Klappmesser-Modelle, etwa für den preußischen oder den französischen Markt. Dazu kamen Feitel für kleine und große Frauen, für Kinder oder auch für Winzer. Vergebens – im 20. Jahrhundert brach das Gewerbe, das 500 Jahre lang das Tal geprägt hatte, zusammen. Eine Werkstätte mit Schleifsteinen und Hämmern ist praktisch unverändert erhalten geblieben, fast möchte man meinen, der Messerer sei nur kurz essen gegangen. Ein Geheimnis bleibt, wie aus einem so engen und der Welt entrückten Tal ein Produkt hervorgehen konnte, das weltweit so großen Anklang fand.

Adresse Infocenter Museumsdorf Trattenbach, Hammerstraße 2a, 4453 Ternberg-Trattenbach, Tel. +43/(0)7256/7376, www.museumsdorf-trattenbach.at | **ÖPNV** mit dem Zug nach Trattenbach und zu Fuß (drei Minuten) ans Ziel | **Anfahrt** B 115 nach Ternberg, auf die andere Seite der Enns wechseln, weiter nach Trattenbach, das Ziel liegt gleich hinter dem Bahnhof | **Öffnungszeiten** Mai – Okt. Mi, Do, Sa, So 9 – 16 Uhr, Fr 9 – 13 Uhr, Führungen auf Anfrage | **Tipp** Besuchen Sie die fünf Kilometer flussaufwärts hoch über der Enns gelegene Burgruine Losenstein, www.burglosenstein.at.

99__Das Seeräubernest

Entert die Zille!

Die schlichte Kapelle krönt den Felsen auf der Spitze des Johannes-
bergs und bietet ein beschauliches Postkartenmotiv mit dem mächtigen Traunstein im Hintergrund. Vor tausend Jahren lag die Sache
ganz anders, denn der Anblick dieses rohen, unbebauten Felsens ließ
Salzschiffer, die ihre kostbare Fracht über den See transportierten,
vor Angst erzittern. Aus Hallstatt herangeschafft, wurde das weiße
Gold via Traun und Traunsee nach Gmunden verschifft und von dort
aus weiter nach Böhmen gebracht.

Die heikelste Stelle war die Seeenge zwischen Karbach und dem
heutigen Traunkirchen – hier warteten wüste Gesellen, die keinen
Gott kannten und gnadenlos gegen die Schiffer vorgingen. Eine Ta-
fel an der Kapelle erinnert an diesen »Schlupfwinkel heidnischer
Seeräuber«, von dem aus Horden verwegener Männer ihre Enter-
Attacken starteten. Im Wald der felsigen Halbinsel hatten sogenann-
te »Priester« krude Rituale zelebriert, und man munkelte sogar, dass
der Rachegöttin Baal Menschenopfer dargebracht wurden. Irgendwann war der Punkt erreicht, an dem es den Markgrafen Ottokar
und Leopold von Österreich zu bunt wurde und sie gegen die Bin-
nenpiraten mit radikaler Gewalt vorgingen. Ihnen wurde der Garaus
gemacht, und auf dem Johannesberg mit dem Bau eines Kirchleins
dem christlichen Sieg über heidnische Mordbuben ein Denkmal errichtet. Nicht umsonst ist das Gotteshaus Johannes dem Täufer gewidmet; in seiner Person manifestiert sich der christliche Grundge-
danke von Erlösung und Reinigung durch das Sakrament der Taufe
am stärksten.

Es wäre keine schlechte Idee, der »Fluch-der-Karibik«-Filmreihe
neuen Pep zu verleihen, und die Handlung an den dunklen und tiefen Traunsee zu verlegen: Jack Sparrow am Bug einer Piraten-Zille,
mit einem Enterhaken in der Hand und feuchtem Blick – das würde Frauenherzen höher schlagen lassen und den Tourismus gewaltig ankurbeln!

Adresse 4801 Traunkirchen; der Johannesberg ist dem Ort auf einer Halbinsel vorgelagert | **Anfahrt** von der B 145 bei Traunkirchen abbiegen und zur vorgelagerten Halbinsel fahren | **Öffnungszeiten** Der Johannesberg ist jederzeit zu besichtigen. | **Tipp** Die »Spitzvilla« an der Uferstraße 18 war Sommersitz des sagenumwobenen Rudolf von Slatin und ist heute ein gemütliches Café.

100___ Die Böhmerwaldschule

Wunderwelt Wald

Wer kennt nicht das Märchen von Schneewittchen und den Sieben Zwergen? Tief im dunklen Tann lebten die kleinen Burschen friedlich vor sich hin – doch kein Leser verschwendet einen Gedanken daran, wie sie gelernt haben, in der freien Natur zu existieren und mit Tieren und Pflanzen auszukommen.

Des Rätsels Lösung kann im Besuch einer Frühform der »Böhmerwaldschule« gelegen haben, denn hier lernt der Wissbegierige alles über den Wald – es tut sich eine wahre Wunderwelt auf, die dem Unkundigen ansonsten verborgen bliebe. Das »Trockentraining« beginnt in der »Böhmerwaldarena«, wo eine Multimedia-Ausstellung plastisch und greifbar den Blick des Laien auf Tierwelt und Pflanzenreichtum öffnet. Der Besucher erfährt den Wald als vielfältigen Lebensraum und zugleich Arbeitsplatz und Ressourcen-Reservoir – am Motorsägen-Simulator kann man zum Holzfäller werden, ohne dabei Schaden an Leib und Leben zu riskieren. Der nächste Schritt ist das »hautnahe« Erlebnis in der »Böhmerwaldschule«, hier wird der Forst zur Schule und kundige Führer zu Lehrmeistern der Natur. Auf jedem Meter des Weges gibt es Geheimnisse zu entdecken, über die der Unwissende achtlos stolpert – finden Sie Ihren persönlichen Draht zu Mutter Erde und umarmen Sie Bruder Baum! Das klingt jetzt alles ziemlich esoterisch, aber ein paar Stündchen im Böhmerwald, und die Urinstinkte des Menschen sind erweckt. Wer an Moos und Baumrinde schnuppert, den Buntspecht klopfen hört und dabei Kräuter und Blumen pflückt, wird flott in Grimms Märchenwelt versetzt.

In seinem Film »Sieben Zwerge – der Wald ist nicht genug« erlebt und überlebt der begnadete Otto mit seinen Zipfelmützenfreunden Abenteuer im Großstadtdschungel. Sollte er in der »Böhmerwaldschule« trainiert haben, wäre das kein Wunder – nach diesen Instruktionen sind Wolkenkratzer nur hohe Bäume und Straßenschluchten nur schmale Pfade.

Adresse Böhmerwaldarena, Schöneben 10, 4161 Ulrichsberg, Tel. +43/(0)676/3010997, iris@boehmerwaldschule.at | **Anfahrt** B 127 nach Schöneben, eine grüne Beschilderung führt ans Ziel | **Öffnungszeiten** ganzjährig geöffnet, Voranmeldung ist notwendig | **Tipp** In der Badergasse 2 in Ulrichsberg gibt es das »Jazzatelier« – Kunstobjekte im Garten und hochkarätige Konzerte am Abend.

101 Das »Tanglberg«

Genuss mit allen Sinnen

Der Name stammt von der Familie Tangl, die über Jahrhunderte in dieser Häuserzeile feinste Stoffe verkaufte. Erich Spitzbart rettete 1981 das Ensemble vor dem Abriss und eröffnete wenig später eine Galerie, um die Tradition von Schönheit und Stil weiterleben zu lassen. Das Haupthaus mit Renaissance-Innenhof beherbergt Schauraum und Restaurant, nebenan ist eine Rahmenhandlung untergebracht, und wer nach Kunst und Genuss dableiben will, kann im einzigartigen Gästehaus sein Haupt zur Ruhe betten. Die Gaststuben waren einst Armen-Spital und Pferdestall – sie wurden von Spitzbart zu harmonisch verzahnten Tempeln der Kunst umgestaltet, man speist unter Werken von Hermann Nitsch, Othmar Zechyr und Rudolf Leitner-Gründberg. Eine schmale Stiege führt über die Arkaden des Hofs in die Galerie: Ein Eldorado moderner Malerei und Grafik tut sich auf, Exponate von Martha Jungwirth, Hubert Scheibl und Gunter Damisch warten auf den Besucher, vom Hausherrn selbst individuell gerahmt und als Gesamtkomposition arrangiert.

Was Rainer Stranzinger seit elf Jahren im Restaurant auf die Teller zaubert, ist Kunst auf kulinarische Art: Die französisch orientierte Küchenlinie bietet Foie gras aus dem Périgord, Atlantik-Hummer, Beef vom Charolais-Rind und Campari-Sabayon in erlesener Qualität, bei jedem Bissen schmeckt man Ursprünglichkeit und Harmonie. Der Gast diniert unter Renaissance-Rundbögen, sitzt auf »Fledermaus-Stühlen«, die Josef Hoffmann extra für die Operette anfertigen ließ und wird gewärmt von Kacheln dreier original Schleiss-Öfen. Patronin Ricki Staudinger leitet die Gäste mit traumwandlerischer Sicherheit durch Weinkarte und Speisenfolge und sorgt für ein einzigartiges Erlebnis. Im »Tanglberg« ist wirklich alles vom Feinsten, aber Sie werden überrascht sein, wie natürlich und entspannt Genuss sein kann, wenn die Menschen dahinter sie selbst geblieben sind.

Adresse Pettenbacherstraße 3–5, 4655 Vorchdorf, Tel. +43/(0)7614/8397, www.tanglberg.at, office@tanglberg.at | **Anfahrt** von der A 1 in Vorchdorf abfahren, das Restaurant liegt in unmittelbarer Nähe des Ortskerns | **Öffnungszeiten** Küchenzeiten: Mi–Sa 18–21 Uhr, Fr–So 12–13.30 Uhr, zusammensitzen kann man aber ruhig länger | **Tipp** Das Schloss Hochhaus ist ein prächtiger Renaissancebau am Hauptplatz von Vorchdorf.

102___Die Stiftskirche

Das sichtbare Unsichtbare

Der große Barockbaumeister Carlo Canevale hat zwischen 1650 und 1680 auf einer Anhöhe mitten im Mühlviertel eine Kirche gebaut, die als Paradebeispiel des Frühbarocks gilt. Besonders die Ausstattung des Kirchenschiffs weist typische Merkmale des damals vorherrschenden Geschmacks auf – prächtige Stuckornamente und Fresken beherrschen den durch wuchtige Seitenfenster ideal ausgeleuchteten Sakralraum. Der turmhohe Altar aus der Werkstatt des Passauer Meisters Paul Deniffl und die schwere Orgel aus der Hand Rumel des Jüngeren sind beeindruckende Hauptwerke der Kirche – beide in Schwarz und Gold gearbeitet und von solitärer Perfektion. Hinter dieser Kirche steckt jedoch eine weit größere Dimension, denn das hier befindliche Augustiner-Chorherrenstift hatte gigantische Ausmaße. Im 12. Jahrhundert gegründet, umfasste die Anlage durch umfangreiche Zubauten einen regelrechten Klosterbezirk mit langgestreckten Gebäudefluchten und arkadengeschmückten Höfen. Der antiklerikale Josef II. hob 1792 das Stift auf, ließ einen Großteil schleifen und verwendete das angefallene Material für den Bau der Franzensburg in Laxenburg.

Wer dieses Phantasiegebilde in Niederösterreich mit den alten Plänen des mittelalterlichen Stiftes vergleicht, muss schlucken, denn nicht immer muss das Neue schöner sein! Dankenswerterweise wurden für eine Landesausstellung großzügige Ausgrabungsarbeiten in Auftrag gegeben und Reste der ehemaligen Klosteranlage freigelegt.

Jeder Besucher kann sich anhand der weitläufigen Mauerreste eine Vorstellung von der Dimension und baulichen Vollkommenheit des Stiftes machen. Vom Glockenturm aus eröffnet sich der Blick aufs Ganze, lässt »Unsichtbares sichtbar werden« und Geschichte wiederauferstehen … Entstehung, Niedergang und Neuentdeckung, ein Prozess, der viele Facetten des menschlichen Seins widerspiegelt.

Adresse Schloßberg 1, 4391 Waldhausen, Tel.+43/(0)7260/4251, pfarre.waldhausen@dioezese-linz.at | **Anfahrt** von der A 1 bei Amstetten West abfahren, B 119 bis Waldhausen | **Öffnungszeiten** täglich 8–19 Uhr | **Tipp** Noch älter ist die Burgruine Säbnich, das Versteck der »Schwarzen Ritter«, dessen Erstbau ins 9. Jahrhundert zurückreicht.

103 Das Kulturzentrum Nöfa

Kraftfeld kreativer Köpfe

Unweit des Welser Bahnhofs steht ein mächtiges Karree, dessen Haupthaus ein Baujuwel aus dem Jugendstil ist und auf die lange Tradition der Bilder- und Rahmenfabrik Nöfa hinweist. Aus einer Manufaktur des beginnenden 20. Jahrhunderts ist ein bunter Platz für Kunst und Kultur geworden und soll in Zukunft der »Montmatre« von Wels und ein regelrechtes Künstlerviertel geformt werden.

Seit den 1920er Jahren wurden in dieser Fabrik Rahmen und Leisten hergestellt, heute ist das »Bilderhaus« auf Maßanfertigungen spezialisiert, die zum Beispiel im »Museum of Modern Art« in New York Werke der Weltkunst würdig umschließen.

Teile des Gebäudes wurden vom umsichtigen Besitzer Markus Nöttling einer anderen Bestimmung zugeführt: Durch seine Eltern, die zu Zeiten der Perestroika eine Kulturkooperation mit Moskau gründeten und zahlreiche russische Künstler zu Mal-Exkursen nach Wels einluden, wurde er mit dem Virus der Kulturaffinität infiziert. Er schuf ein Zentrum der Ideen und ein Kraftfeld für kreative Köpfe. Ziel ist es, ein homogenes Umfeld zu bieten, in dem Kunstschaffende die Möglichkeit haben, ans Werk zu gehen und sich untereinander auszutauschen.

In den Ateliers arbeiten Maler, Fotografen und Architekten, die unglaublich breite Palette wird von Goldschmieden, Musikern und sogar Puppenspielern abgerundet. In der hauseigenen Galerie können junge Talente erste Versuche in der Öffentlichkeit wagen, zugleich haben Besucher die Möglichkeit, Lithographien von Kapazundern wie Paul Flora zu erwerben.

Das pittoreske Gebäude soll in Zukunft noch stärker bespielt und zu einem Magneten der Traun-Stadt werden, eine Plattform und Oase für alle, die sich abseits des Mainstreams bewegen wollen. Erste Ansätze sind zu erkennen, denn Modedesign, Bio-Lebensmittel und ein Jazz-Lokal runden das Angebot ab – das Haus mausert sich zur Insel der Individualität.

Adresse Anzengruberstraße 6–10, 4600 Wels, Tel. +43/(0)7242/35136, www.noefa.at | **ÖPNV** von der Busdrehscheibe am Kaiser-Josef-Platz über die Bahnhofstraße links in die Eisenhowerstraße, gleich rechts in die Anzengruberstraße abbiegen | **Öffnungszeiten** Die Galerie hat Mo–Fr 9–18 Uhr durchgehend geöffnet. | **Tipp** Der Lagerhaus-Wirt in der Schubertstraße 22 ist ein uriges Wirtshaus mit schönem Gastgarten.

104__Der Limesstein

Geschichte in Stein gemeißelt

Neben Renaissance-Höfen und einem putzigen Stadtturm hat Wels
viele Zeugen einer versunkenen Welt zu bieten, denn die Stadt war
zur Römerzeit ein bedeutender Handelsplatz und markierte einen Verkehrsknotenpunkt des Imperiums. Im damaligen »Ovila-
va« kreuzte sich die Ost-West-Route zwischen Wiener Becken und
Augsburg mit der Verkehrsader, die Mittelmeer und Kanaltal mit
der Donau verband.

Im 2. und 3. nachchristlichen Jahrhundert erlebte Wels unter den
Kaisern Caracalla und Diocletian einen gewaltigen Aufschwung,
wurde durch eine dicke Mauer begrenzt und zur Provinzhauptstadt
erhoben. Der Reichtum eines beschützen Handelsplatzes weckte natürlich Begehrlichkeiten, und so musste sich die Garnison einiger
Überfälle der Alemannen erwehren. Die erste Welle der Barbaren
ließ eine Spur der Verwüstung zurück, was unter Kaiser Maximinus
Thrax zur Erneuerung der Straßen und Brücken führte und Wels
neuen Glanz bescherte.

Daran erinnert der »Limesstein«, eine aus Granit gearbeitete Ste-
le, deren Gravur an das glückliche Ende des Angriffs erinnert. Dieser
massive Zeitzeuge ist Teil eines Ensembles, andere Fundstücke sind
im Stadtmuseum zu besichtigen oder gleich auf dem Römerweg zu
erkunden – eine Zeitreise in die Antike, vorbei an einem ehemaligen Stadtturm, Grabsteinen und Resten von prächtigen Villen mit
Badeanlagen und Kultstätten. Wie viele Städte wächst auch Wels,
und Grünflächen werden durch Wohnbauten ersetzt. Um zu ver-
hindern, dass kostbare Zeichen einer vergangenen Epoche für ewig
verschollen bleiben, sorgt ein Team von Archäologen vor: Bevor die
Bagger anrollen, wird jedes Grundstück untersucht und das Erdreich Schicht für Schicht abgetragen. Der Schatz von Troja oder die
Totenmaske des Tut-Ench-Amun sind zwar nicht zu erwarten, aber
jedes Fundstück bringt neue Erkenntnisse und die Menschen näher
an ihre Ursprünge.

Adresse Pollheimerstraße, 4600 Wels; zwischen Ledererturm und Mühlbach | **Anfahrt** vom zentralen Stadtplatz durch den Ledererturm gehen, der Limesstein steht nach circa 50 Metern linker Hand | **Öffnungszeiten** jederzeit zu besichtigen | **Tipp** Einen Steinwurf entfernt steht das »Welios« – ein Science-Center der besonderen Art.

105__Der MOTUS

»Verweile, Augenblick, du bist so schön«

Der Neubau der Messehalle 21 in Wels ist an sich ein imposantes Beispiel moderner Architektur. Holz und Glas formen ein luftiges Ganzes, der Eingangsbereich öffnet sich dem Besucher mit einem säulenumrankten Vorplatz.

Genau hier setzt die Idee einer Skulptur an, die von Klaus Krobath und Gerhard Strohofer inmitten des Entrées verwirklicht wurde: Hochragende Stelen, auf den ersten Blick willkürlich gesetzt, sind bei näherer Betrachtung eine kunstvolle Interpretation eines exakt strukturierten Baus. »Motus« heißt im Lateinischen »Bewegung« und im Polynesischen »Atoll« – beides passt, denn auf smaragdgrünem Grund ruhen die mattweißen Säulen, 32 an der Zahl und mit mystischen Zeichen bemalt.

Die Idee hat ihren Ursprung in der chinesischen Kalligraphie, wo Vögel mit wenigen Strichen faszinierend lebendig dargestellt werden. Eine grüne Linie führt zu dem Punkt, wo sich die Säulen zu einem Ganzen zusammenziehen und die wunderbare Imagination eines Vogelschwarms erkennen lassen. Diese Fixierung soll jedoch nur ein Vorschlag der Betrachtung sein, jeder Einzelne kann den Platz umrunden und zwischen den Stangen seinen eigenen Zugang finden – »Bewegung« eben.

Die Beziehung zwischen Kunstschaffenden und Rezipienten soll nicht starr und steif, sondern von größtmöglicher Elastizität sein. Als Materialien wurden bewusst Industriestoffe wie Metall und Beton gewählt, um eine Korrespondenz zu den Komponenten des Hallenbaus zu veranschaulichen. Ankommen, Verweilen, letzter Blick – das war der gedankliche Hintergrund der Skulptur, die Messebesucher werden von ihr zugleich begrüßt und verabschiedet.

»Einen metaphysischen Kontrapunkt zu setzen, der sich in die Struktur der Halle fügt, ist unser grob umrissener Ansatz – die Betrachter sind aufgefordert, ihre eigene Sichtweise zu interpretieren«, erklären Krobath und Strohofer.

Adresse Messeplatz 21, 4600 Wels, www.messe-wels.at, office@messe-wels.at | **ÖPNV** von der Busdrehscheibe am Kaiser-Josef-Platz mit der Linie 4 zur Station Kienzlstraße, durch den Messebogen gehen | **Öffnungszeiten** jederzeit zu besichtigen | **Tipp** Gleich neben der Messe gibt es den Welser Tiergarten mit einem besonders eleganten Affenhaus.

106 Die Polizeipassage

Wohlige Wärme im Winter

Der Name rührt aus einer Zeit, wo hier Ordnungshüter ausschwärmten und böse Buben im Keller schmachten mussten. Das idyllische Gässchen hat heute eine gänzlich andere Funktion, denn am Kopfsteinpflaster hallen keine Polizeistiefel wider, sondern das Gemurmel von Kulturinteressierten bei Lesungen und Vernissagen.

Hauptquartier dieser Kulturmeile ist das »Atelier Hamburg«, wo die beiden Performance-Künstler Peter Kowatsch und Mario Stuchlik eine Oase des Kunstgenusses geschaffen haben. Die Einrichtung des Ateliers wechselt wie das Programm, man kann auf Designermöbeln sitzen und sie kaufen, Gemälde betrachten und anschließend mitnehmen, ganz nebenbei mit Gleichgesinnten plaudern und dabei exotische Getränke wie Rotkäppchen-Sekt genießen. Die Passage ist eine Open-Air-Galerie, wo Hausbesitzer und Mäzen Hans Wimmer Objekte und großformatige Bilder präsentiert, die vorbeieilende Passanten einbremsen und zu Kulturflaneuren machen. Selbst im Winter kann man ein wenig ausruhen, denn beheizte Metallsofas des Objektkünstlers Alois Bauer sorgen dafür, dass die Augen des Betrachters erfreut werden und der Hosenboden nicht anfriert.

In Zukunft ist eine Erweiterung des Konzepts vorgesehen, das Karree hat großes Potenzial – »Artists-in-Residence«-Programme und eine Galerie sind Ideen, die kulturaffines Publikum begeistern sollen. Derweil gibt es einmal im Monat einen »Kulturstammtisch«, der Leute von nah und fern anzieht – Spontan-Konzerte inklusive. Hier trifft sich kein Geheimbund, sondern Menschen, die sich austauschen und vernetzen – besonders im Sommer, dann ist die Passage Teil des »Welser Arkadenhof Kultursommers«, eines Festivals unter der Intendanz von Peter Kowatsch: Die romantische Gasse wird zur Bühne für Literatur, Musik und Lebensart – also Termine im Netz checken und einfach vorbeikommen, es warten magische Momente auf Sie!

Adresse 4600 Wels, Eingänge Stadtplatz 39 oder Freiung 3 | **ÖPNV** von der Busdrehscheibe am Kaiser-Josef-Platz Richtung Stadtplatz gehen, die Passage liegt rechter Hand | **Öffnungszeiten** Tag und Nacht zugänglich | **Tipp** Die »Raum-Bar« am Eck bietet Wohn-Accessoires plus Speis und Trank – eine Wohlfühloase.

107_Die Puchberger Sgraffiti
Aus dem Putz gekratzt

Was haben die Schlösser in Versailles und Puchberg gemeinsam? Beide waren ursprünglich als Landsitze geplant und wurden Stück für Stück zu eleganten Repräsentationsschlössern ausgebaut … und beide haben einen Spiegelsaal! Während jedoch nahe Paris Millionen von Menschen durch die Flure strömen, um Glanz und Gloria der französischen Herrscher nachzuspüren, hat sich nahe Wels eine Kulturinstitution entwickelt, die Mensch und Kunst verbindet.

Schon im 16. Jahrhundert stand hier ein Schlösschen, das nach und nach zu einem prächtigen dreiflügeligen Gebäude mit arkadengeschmücktem Innenhof ausgebaut wurde. Er wird von zwei Steinlöwen bewacht, und in seiner Mitte befindet sich ein barocker Brunnen, der den Meeresgott Neptun Wasser spenden lässt. Zwischen den Fenstern der geschlossenen Arkaden finden sich die absoluten Highlights dieser Anlage: Im 19. Jahrhundert wurden Sgraffiti auf blauschwarzem Grund angelegt, sprich aus den unteren Putzschichten hervorgekratzt. Die Entwürfe stammen von Heinrich Irmann und bestechen durch faszinierend genaue Darstellungen. Es entstanden Fenster-Bekrönungen, Fruchtgehänge, ornamentierte Wappen und Tiere mit farbintensiver Tiefe, bogengeschmückte Scheinfenster und vier plastische Figuren, die Landsknechte in voller Montur und Bewaffnung zeigen – und diese Ornamentik setzt sich in den Innenräumen augenfällig fort.

Die Diözese Linz führt Puchberg als Stätte der Begegnung und offenes Haus, spirituelle Bereicherung kann der Besucher sich hier buchstäblich an allen Ecken und Enden holen. Für die Tiefsinnigen ist wohl ein Besuch in der von Lydia Roppold in den 1980er Jahren gestalteten Kapelle mit großflächigen und warmfarbigen Gesichtern empfohlen. Wer sich in eine ferne Zeit versetzen will, landet im Spiegelsaal: Ein paar Minuten im glänzenden Ambiente und man strahlt selbst wie ein goldener Louisdor.

Adresse Schloss Puchberg, Puchberg 1, 4600 Wels, Tel. +43/(0)7242/47537, puchberg@dioezese-linz.at | **Anfahrt** von der A 25 bei Wels Nord abfahren, über B 137 und Aichbergstraße bis zum Schloss | **Öffnungszeiten** Der Innenhof des Schlosses ist tagsüber frei zugänglich. | **Tipp** Im Gasthaus zur Roith, Roithenstraße 106, gibt es eine uroberösterreichische Jause mit selbstgemachtem Most.

108___Der Tote Max

Ende einer Epoche

Die Entdeckung der Neuen Welt, die Erfindung des Buchdrucks und der Fall Konstantinopels werden allgemein als Ausgangspunkte der Neuzeit festgemacht. Doch im mittelalterlichen Wels ging am 12. Januar 1519 das Leben eines Mannes zu Ende, der als »letzter Ritter« und Repräsentant einer untergehenden Epoche gilt – Maximilian I. von Habsburg. Der Herrscher hatte keinen festen Regierungssitz und zog einem unruhigen Wandervogel gleich überall hin, wo seine Anwesenheit politisch opportun war – in weiser Voraussicht immer einen Sarg im Schlepptau.

Auf einer dieser Reisen zwischen Innsbruck und Linz schlug das letzte Stündchen des Schwerkranken in der Welser Residenz. An diesen denkwürdigen Tag erinnert ein Fenster der vom Kaiser selbst geplanten gotischen Anlage. Einem Erker gleich »springt« es aus der Mauer hervor und ist dem »Goldenen Dachl« in Innsbruck nachgeahmt – als Reminiszenz der innigen Liebe Maximilians zu den Tiroler Bergen. Von hier aus blickte der welke Ritter auf die verschneite Parkanlage und ließ wohl sein Leben voller Ränkespiele und politischer Manöver Revue passieren.

Er war Erzherzog von Österreich und »Erwählter Römischer Kaiser«, ihm huldigten der Adel Europas und selbst der Papst, doch am Ende seines Lebens erkannte er die Vergänglichkeit des irdischen Seins und der herrschaftlichen Pracht. Hingestreckt auf dem Sterbelager in Wels ließ er Rituale der christlichen Demut vorbereiten: er sollte gegeißelt, geschoren und ihm sollten die Zähne herausgebrochen werden – so geschah es. Von Maximilian wurde ein wirklich naturalistisches Totenbild gemalt, die Leiche in einen Sack eingenäht und in der Wiener Neustädter St.-Georgs-Kapelle zu Grabe getragen.

So groß sein Reich und seine Macht zu Lebzeiten waren, so karg und unterwürfig endete das Leben des »letzten Ritters« hinter einem schlichten Fenster der Welser Burg.

Adresse Burg Wels, Burggasse 13, 4600 Wels, Tel. +43/(0)7242/44171, www.wels.gv.at, burgwels@wels.gv.at | **ÖPNV** von der Busdrehscheibe am Kaiser-Josef-Platz zu Fuß zum Stadtplatz und weiter in den Burggarten | **Öffnungszeiten** Das Museum ist Di–So 10–16 Uhr geöffnet. | **Tipp** Gehen Sie hinter der Burg den Mühlbach entlang, dann kommen Sie zum Wasserturm, der in der Renaissance erbaut wurde.

109__Das »Schlössl« Zwickledt

Die andere Seite

Universelle Könner sind rar gesäte Menschen – wenn jemand ein Talent besitzt, ist schon viel gewonnen. Alfred Kubin gilt als großer Zeichner, der in dunklen, ja fast düsteren Bildern tief in die Welt der Phantasien und Träume eintauchte. Der Schwerarbeiter hat tausende Blätter geschaffen, die meisten davon auf Schloss Zwickledt, das nach jugendlichen Wanderjahren ein Refugium bis ans Ende seiner Tage wurde.

In dem aus dem 16. Jahrhundert stammenden Gebäude fand Kubin zusammen mit Ehefrau Hedwig Gründler die notwendige Ruhe, um seiner feinfühligen Seele Kunstwerke besonderer Art abzuringen. Die Zeichnungen sind von Melancholie durchdrungen und Abbilder verborgener Ängste – Kubins sinistre Phantasien gelten als Ideenfundus für den Schriftsteller Franz Kafka und den Surrealisten Max Ernst. Im abgelegenen Zwickledt gelang dem Künstler in einer anderen Disziplin seines Schaffens ein Jahrhundertwerk – der Roman »Die andere Seite« stellt das Paradebeispiel phantastischer Literatur dar. Kubin beschreibt in diesem Buch eine andere, auf den ersten Blick bessere Welt, erbaut und gelenkt vom besessenen Milliardär Patera. Das wolkenverhangene, von der Umwelt abgeschottete Traumreich ist als Ausdruck der Zukunftsangst des beginnenden 20. Jahrhunderts zu deuten. Aber diese Zukunft bricht unweigerlich über die Hauptstadt »Perle« herein und lässt die Idee eines versteckten Paradieses wie ein Kartenhaus in sich zusammenfallen – eine dunkle Vision aus der Feder des genialen Zeichners.

Das hoch über dem Inn gelegene, kompakt und geduckt gebaute »Schlössl« liegt inmitten eines Parks, den Kubin für seine täglichen Spaziergänge nutzte. Wer das Museum besucht, sollte nicht versäumen, einige Schritte um diesen besonderen Ort zu gehen … mit ein wenig Phantasie kann man im Dunst des Horizonts die im ewigen Dämmerlicht liegende Traumstadt »Perle« erkennen.

Adresse Zwickledt 7, 4783 Wernstein am Inn, Tel. +43/(0)7713/6603, kubinhaus@landesmuseum.at | **Anfahrt** B 136 nach Schärding, auf der Schärdinger Landesstraße in Richtung Wernstein, nach Zwickledt abbiegen | **Öffnungszeiten** Das Museum ist zwischen April und Okt. geöffnet, für Führungen ist eine telefonische Voranmeldung erbeten. Die mystische Stimmung der Umgebung ist jederzeit zu genießen. | **Tipp** Die Burg Wernstein ist als bauliches Kaleidoskop vom 12. bis zum 17. Jahrhundert ein kleiner Architekturführer.

110_ Die Fröhlich-Sammlung

Das kleine Welttheater

Kunst und Kirche sind seit jeher eng miteinander verbunden, denn ohne Mäzenatentum des Klerus wären zahllose Werke niemals geschaffen worden. Das Zisterzienserstift Wilhering blickt auf eine 800 Jahre lange Tradition der Kunstförderung zurück und lässt Besucher in einer Dauerausstellung an den Ergebnissen gedeihlicher Zusammenarbeit teilhaben.

Gemälde, Handschriften, Goldschmiedearbeiten und prächtige Kirchengewänder sind zu bestaunen – doch dem Maler Fritz Fröhlich wird eine besondere Ehre zuteil: Im sogenannten »Meierhof« des Stiftes eröffnete 2010 eine Werkschau dieses Ausnahmekönners seine Pforten und zeigt Ölgemälde, Zeichnungen, Aquarelle und Skulpturen von seiner begnadeten Hand. Der Künstler hatte an der Renovierung des Stiftes mitgewirkt und war schließlich in ein Wohnatelier im ehemaligen Bräuhaus eingezogen, wo er bis zu seinem Tod Bild um Bild schuf.

Sein Stil ist bestimmt durch Figuren, er liebt »… die Clowns und die Narren, die Zwerge und Lemuren und sieht ihnen zu, wenn sie ihre Purzelbäume schlagen und Pirouetten drehen«, wie sein Kenner Wieland Schmied trefflich vermerkte. Fröhlich entwirft ein kleines Welttheater, wo sich das große Geschehen in der Miniatur widerspiegelt – desgleichen das reichhaltige Oeuvre Fröhlichs in der umfangreichen Sammlung des Stiftes.

Der Meister ist 2001 von uns gegangen, doch sein Wirken lebt weiter … und die Mönche von Wilhering arbeiten auch heute für das Kloster als Zentrum der Kunst. In der eigens adaptierten Stiftsscheune hat das »TheaterSpectacel« seine Heimat gefunden. Unter der künstlerischen Leitung von Joachim Rathke werden Klassiker und moderne Stücke aufgeführt: Während des ganzen Sommers kann man unweit der Rokoko-Stiftskirche »Tartuffe«, »Der Sturm« und Eigenproduktionen sehen – zeitgenössisch interpretiert und damit ganz im Sinne einer weltoffenen Kirche.

Adresse Stift Wilhering, Linzer Straße 4, 4073 Wilhering; im ehemaligen Meierhof, Tel. +43/(0)7226/231112, info@fritz-froehlich-sammlung.at | **Anfahrt** B 129 nach Wilhering, das Stift dominiert den Ort | **Öffnungszeiten** 1. Juli–31. Aug. Di–So von 11–18 Uhr sowie nach Vereinbarung | **Tipp** Machen Sie einen Spaziergang in der Gartenstadt Puchenau am anderen Donauufer – städtebauliche Architektur über drei Jahrzehnte!

111_ Die Leithenmühle

Into the deep woods

Regieassistenten mühen sich weltweit damit ab, ideale Orte für romantische und dramatische Szenen zu finden, frei nach dem Motto: »Wildes Rauschen im tiefen Wald«. In Oberösterreich liegen solche Bijous der Natur zwar ein wenig abseits der Route, doch bei der Leithenmühle könnte der nächste Heimatfilm im Ruckzuck-Tempo abgedreht werden. Über Stock und Stein gelangt man in ein lauschiges Tal, wo das Mühlenmuseum und das alte Sägewerk stehen. Seit dem 17. Jahrhundert dreht sich hier ein Mühlrad an der Außenseite des Gebäudes und wird gespeist von einem glasklaren Bach, der über moosbewachsene Steine dahinplätschert ... klingt kitschig, oder? ... ist aber wahr! Der Sägeschuppen hängt über dem Tal und beheimatet ein mächtiges Blatt, das bei Schneeschmelze und Starkregen in Betrieb genommen wurde, da gewaltige Wassermassen notwendig waren, die wuchtige Schneide in Schwung zu bringen.

Durch das Innere der Mühle führt Besitzer Johann Fürst, der auf zwei Stockwerken ein System von Rollen, Riemen, Walzen und Mühlsteinen liebevoll pflegt und jeden Besucher akribisch in die Geheimnisse der Mehlerzeugung einweiht. Der Landwirt betreibt das Mahlen als Hobby und kann bis zu 600 Kilo Mehl pro Tag erzeugen. Für ihn ist diese Arbeit ein Paradigma des Lebens: Das Korn reift, wird gedroschen, gemahlen und schlussendlich zum Lebensmittel ... ein ewiger Kreislauf. Herr Fürst kann übrigens den ursächlichen Hintergrund des »dicken Bretts« erklären: In Zeiten, als Geld noch wenig und Naturalien viel zählten, kamen die Bauern der Umgebung nach Remetschlag, um ihre abgeholzten Bäume zuschneiden zu lassen. Statt wie heute ein paar Papierfetzen bekam der Säger das Prachtstück jedes Baumes als Lohn – das mittlere, dickste und damit wertvollste Brett. Nicht umsonst steht die Leithenmühle seit Jahrhunderten felsenfest da, mit derartig solidem Bauholz hat man gut lachen!

Adresse Remetschlag 27, 4263 Windhaag bei Freistadt, Tel +43/(0)676/4113591, Herr Johann Fürst, leithen.muehle@aon.at | **Anfahrt** S 10 hinter Freistadt Richtung Tschechien fahren, bei Grünbach dem Schild »Museum Leithenmühle« folgen (circa zehn Kilometer) | **Öffnungszeiten** Vereinbaren Sie telefonisch einen Termin mit Herrn Fürst; die Umgebung der Mühle ist jederzeit zu besichtigen. | **Tipp** Schon etwas von Sushi vom Mühlviertler Karpfen gehört? Die Firma Schaumberger in Windhaag, Tel. +43/(0)7943/241, verkauft diese und andere Fischspezialitäten frei Haus.

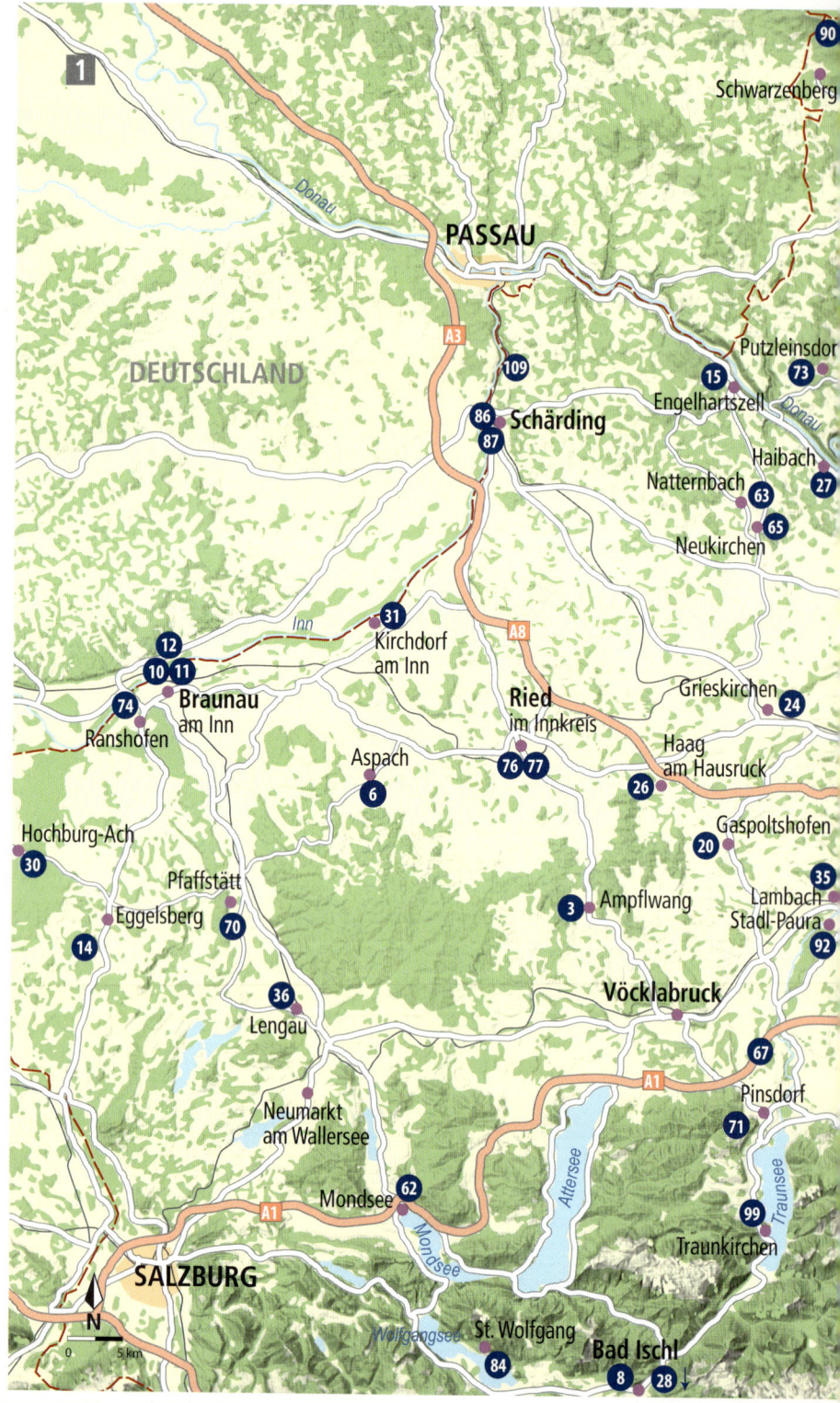

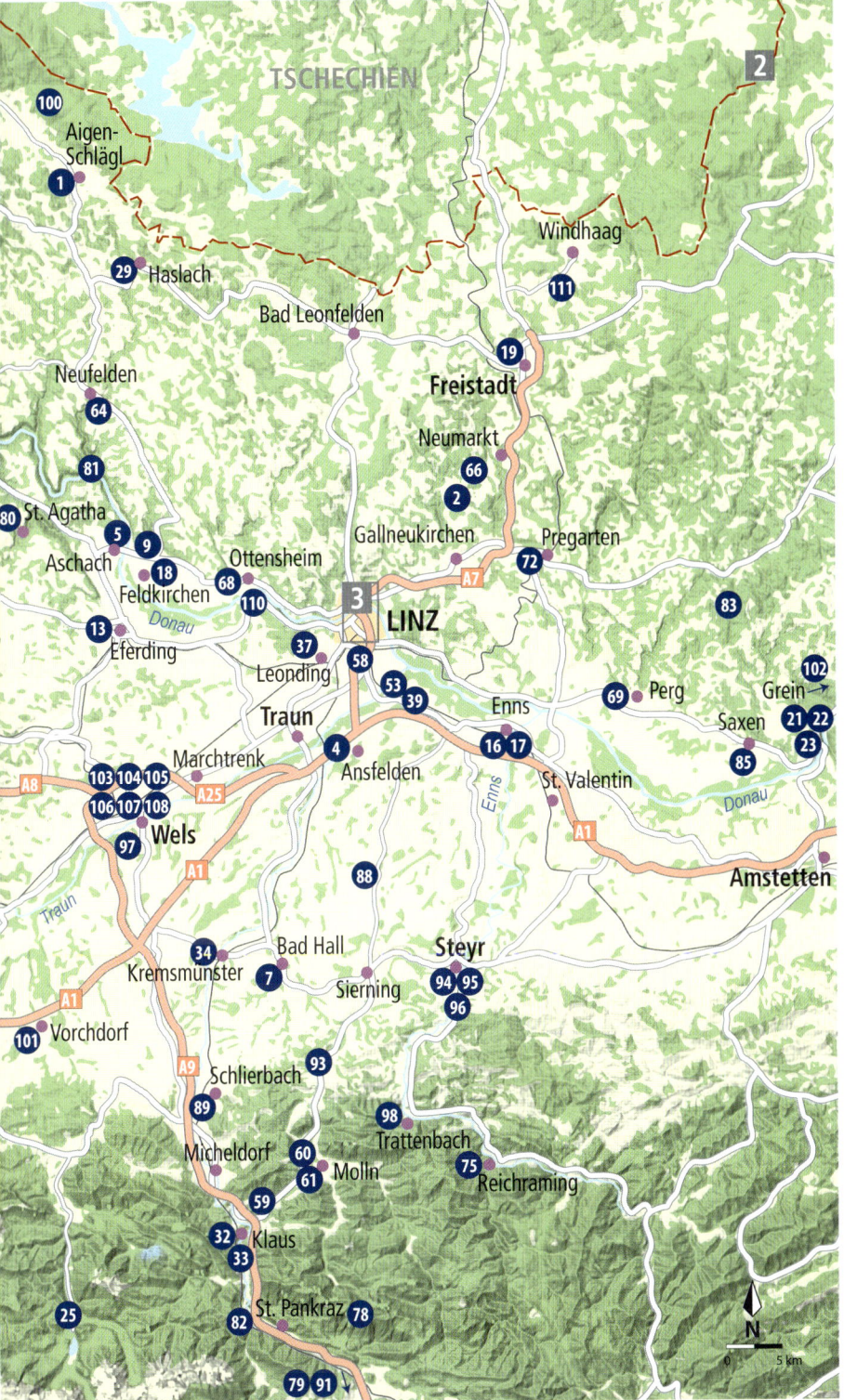

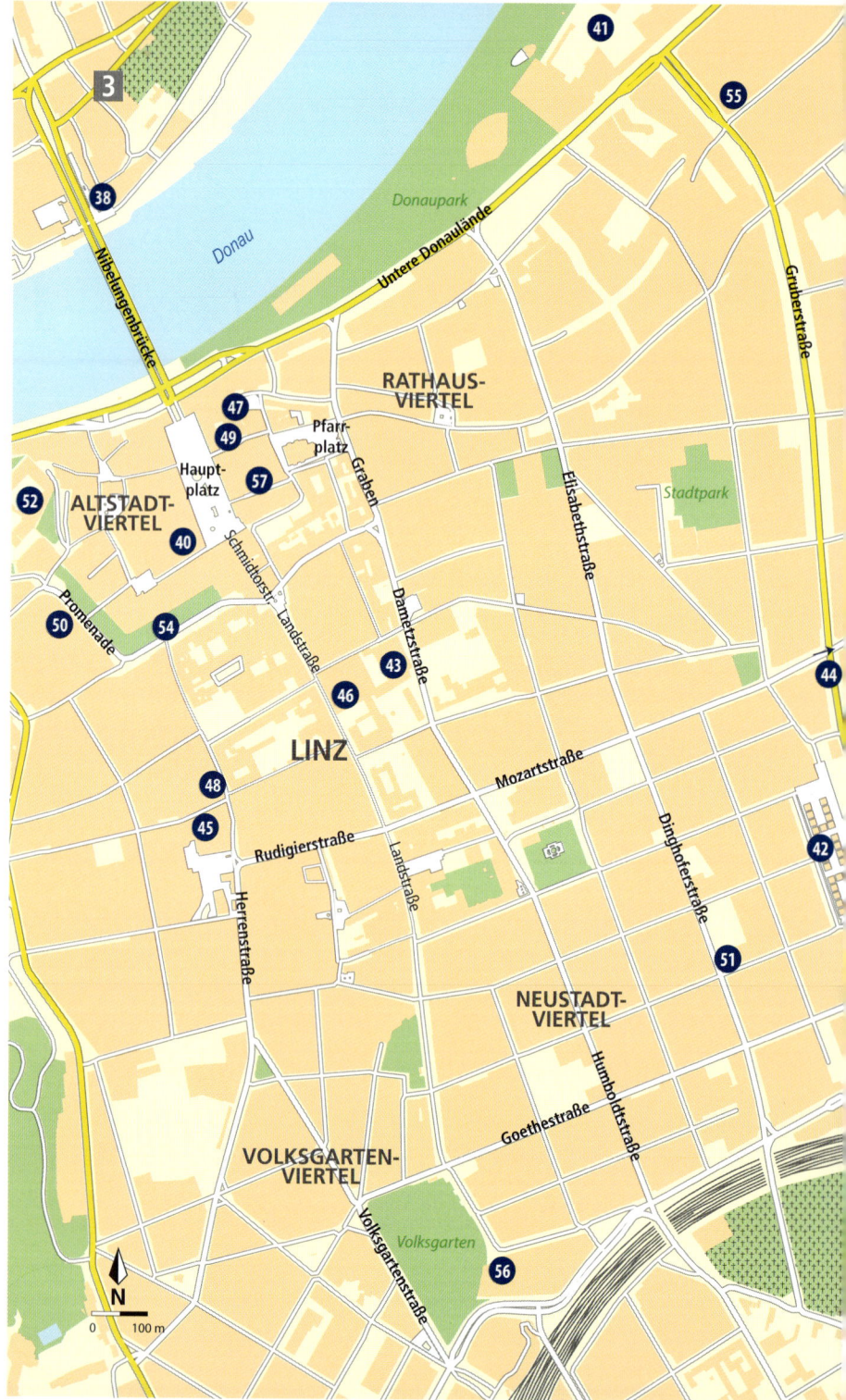

Dorothee Fleischmann,
Carolina Kalvelage
**111 Orte in Budapest, die
man gesehen haben muss**
ISBN 978-3-95451-744-2

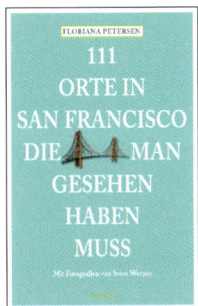

Floriana Petersen
**111 Orte in San Francisco,
die man gesehen
haben muss**
ISBN 978-3-95451-750-3

Andrea Livnat,
Angelika Baumgartner
**111 Orte in Tel Aviv, die
man gesehen haben muss**
ISBN 978-3-95451-703-9

Oliver Schröter, Falk Saalbach
**111 Orte in Zürich, die man
gesehen haben muss**
ISBN 978-3-95451-538-7

Cornelia Lohs
**111 Orte in Bern, die man
gesehen haben muss**
ISBN 978-3-95451-669-8

Giulia Castelli Gattinara,
Mario Verin
**111 Orte in Mailand, die
man gesehen haben muss**
ISBN 978-3-95451-617-9

Cornelia Ziegler,
Chris Sindermann
**111 Orte auf Kreta, die
man gesehen haben muss**
ISBN 978-3-95451-540-0

Dorothee Fleischmann,
Carolina Kalvelage
**111 Orte an der Costa Brava,
die man gesehen haben muss**
ISBN 978-3-95451-561-5

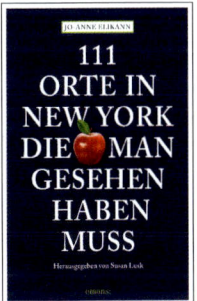

Jo-Anne Elikann
**111 Orte in New York, die
man gesehen haben muss**
ISBN 978-3-95451-512-7

Ralf Nestmeyer
111 Orte an der Côte d'Azur, die man gesehen haben muss
ISBN 978-3-95451-563-9

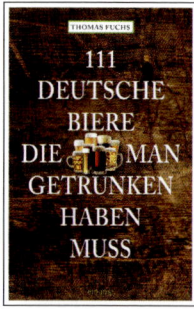

Thomas Fuchs
111 deutsche Biere, die man getrunken haben muss
ISBN 978-3-95451-414-4

Rüdiger Liedtke,
Laszlo Trankovits
111 Orte in Kapstadt, die man gesehen haben muss
ISBN 978-3-95451-456-4

Gerd Wolfgang Sievers
111 Orte in Venedig, die man gesehen haben muss
ISBN 978-3-95451-352-9

Eckhard Heck
111 Orte in Maastricht, die man gesehen haben muss
ISBN 978-3-95451-368-0

Petra Sophia Zimmermann
111 Orte am Gardasee und in Verona, die man gesehen haben muss
ISBN 978-3-95451-344-4

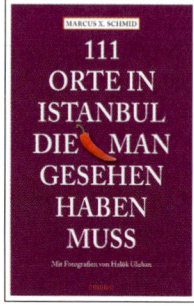

Marcus X. Schmid,
Halûk Uluhan
111 Orte in Istanbul, die man gesehen haben muss
ISBN 978-3-95451-333-8

Christiane Bröcker,
Babette Schröder
111 Orte in Stockholm, die man gesehen haben muss
ISBN 978-3-95451-203-4

Gerald Polzer, Stefan Spath
111 Orte im Salzkammergut, die man gesehen haben muss
ISBN 978-3-95451-231-7

Thomas Fuchs
111 Orte in Amsterdam, die man gesehen haben muss
ISBN 978-3-95451-209-6

Annett Klingner
111 Orte in Rom, die man gesehen haben muss
ISBN 978-3-95451-219-5

John Sykes, Birgit Weber
111 Orte in London, die man gesehen haben muss
ISBN 978-3-95451-117-4

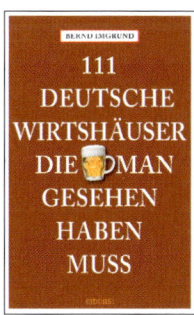

Bernd Imgrund
111 deutsche Wirtshäuser, die man gesehen haben muss
ISBN 978-3-95451-080-1

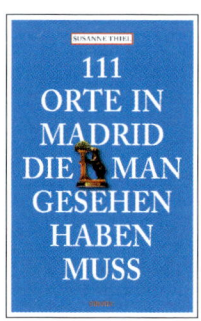

Susanne Thiel
111 Orte in Madrid, die man gesehen haben muss
ISBN 978-3-95451-118-1

Dirk Engelhardt
111 Orte in Barcelona, die man gesehen haben muss
ISBN 978-3-95451-066-5

Stefan Spath
111 Orte in Salzburg, die man gesehen haben muss
ISBN 978-3-95451-114-3

Ralf Nestmeyer
111 Orte in der Provence, die man gesehen haben muss
ISBN 978-3-95451-094-8

Peter Eickhoff, Karl Haimel
111 Orte in Wien, die man gesehen haben muss
ISBN 978-3-89705-969-6

Rike Wolf
111 Orte in Hamburg, die man gesehen haben muss
ISBN 978-3-89705-916-0

Rüdiger Liedtke
111 Orte auf Mallorca, die man gesehen haben muss
ISBN 978-3-89705-975-7

Lucia Jay von Seldeneck, Verena Eidel, Carolin Huder
111 Orte in Berlin, die man gesehen haben muss
ISBN 978-3-89705-853-8

Rüdiger Liedtke
111 Orte in München, die man gesehen haben muss
ISBN 978-3-89705-892-7

Lucia Jay von Seldeneck, Verena Eidel, Carolin Huder
111 Orte in Berlin, die man gesehen haben muss
Band 2
ISBN 978-3-95451-207-2

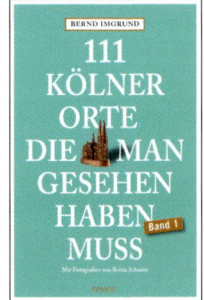

Bernd Imgrund, Britta Schmitz
111 Kölner Orte, die man gesehen haben muss
Band 1
ISBN 978-3-89705-618-3

Bernd Imgrund, Britta Schmitz
111 Kölner Orte, die man gesehen haben muss
Band 2
ISBN 978-3-89705-695-4

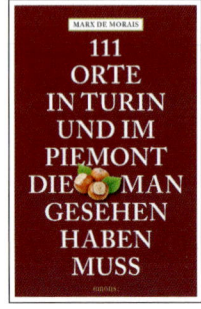

Marx de Morais
111 Orte in Turin und im Piemont, die man gesehen haben muss
ISBN 978-3-95451-736-7

Mercedes Korzeniowski-Kneule
111 Orte in Basel, die man gesehen haben muss
ISBN 978-3-95451-702-2

Barbara Krull
111 Orte im Elsass, die man gesehen haben muss
ISBN 978-3-95451-596-7

Beate C. Kirchner
111 Orte in Florenz und im Norden der Toskana, die man gesehen haben muss
ISBN 978-3-95451-513-4

Sina Beerwald
111 Orte auf Sylt, die man gesehen haben muss
ISBN 978-3-95451-511-0

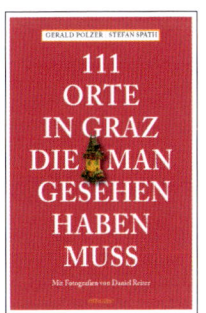

Gerald Polzer, Stefan Spath
111 Orte in Graz, die man gesehen haben muss
ISBN 978-3-95451-466-3

Gerd Wolfgang Sievers
111 Orte der Wiener Küche, die man erlebt haben muss
ISBN 978-3-95451-337-6

Rüdiger Liedtke
111 Orte in München, die man gesehen haben muss
Band 2
ISBN 978-3-95451-043-6

Lust auf mehr? Laden Sie sich die »LChoice«-App runter, scannen Sie den QR-Code und bestellen Sie weitere Bücher direkt in Ihrer Buchhandlung.

Danksagung

Die besondere Anerkennung von Gerald Polzer gilt der begabten Fotografin Antonia Schulz, die seine Bildideen in die richtige Bahn lenkte – Danke für die Zusammenarbeit!

Die Autoren

Gerald Polzer, 1959 in Graz geboren, Studium der Germanistik und Philosophie, schreibt als Autor und Feuilletonist in Wels. Nach den Bänden »111 Orte im Salzkammergut« und »111 Orte in Graz« ist dieses Buch über seine Wahlheimat die dritte Arbeit für den Emons Verlag.

Stefan Spath, 1964 in Tirol geboren, lebt und arbeitet als Reisejournalist, Autor und Texter in Wien. Für den Emons Verlag hat er bereits 111 Orte in Salzburg, in Graz und im Salzkammergut erkundet. Das Buch über Oberösterreich ist die dritte Zusammenarbeit mit Gerald Polzer.